脱贫攻坚丛书

POVERTY ALLEVIATION SERIES

弘扬延安精神 实现脱贫共富

任晓伟 / 著

人民出版社

目　录 CONTENTS

绪　论

2019年5月7日，陕西省人民政府对外郑重公布：延安市延川、宜川两县退出贫困县序列，这标志着革命圣地延安的延川、延长、宜川3个贫困县全部"摘帽"。同日，新华社、中央电视台向全世界报道了革命圣地延安告别绝对贫困、实现整体脱贫的重大新闻。2019年5月8日，《人民日报》在显著位置刊登了一则新闻，题目是《延安告别绝对贫困》，列出了自开展脱贫攻坚以来延安的成绩清单：截至2019年2月，延安全市共有693个贫困村脱贫出列"清零"，7.07万户19.52万贫困人口脱贫。贫困人口由2014年末的7.62万户20.52万人，减少到5526户10034人，贫困发生率由13.2%降至0.66%。在如期实现脱离绝对贫困后，在中国极具象征意义的延安再一次回到了人们的思绪中，引起了人们的关注，也引发了人们的思考。

一、延安的历史地位

延安是一个在中国家喻户晓的地方，一个在世界上广为人知的地方，一个被人们看作中国革命圣地的地方，一个在中国共产党历史上符号性和象征性极强的地方。延安坐落在中国西北的陕西省北部，古代时被称作"肤施""高奴""延州"等。延安地处黄土高原腹地，境内沟壑纵横，占地 3.7 万平方公里，目前下辖 2 区 11 县，拥有 226 万人口。作为陕北黄土高原上一颗璀璨的明珠，延安在中国历史上具有举足轻重的地位，也产生过举足轻重的影响，延安改变过中国历史，也孕育过中国的未来。

延安是古人类活动的重要区域，延安地区以龙山文化为代表的古人类居住点达 654 个，平均每个居住地的范围是 57 平方公里。[①] 在历史上的相当长时间里，延安曾经是中国许多民族聚集、生活和在冲突中不断走向融合的地方，在古代中国具有极其重要的军事战略价值，在中国历史上历来是兵家必争之地。现在，延安境内还存留着一些古时的烽火台、古长城、古代战争的遗址，它们默默而又坚强地矗立在那里，用无言的声音告诉着人们延安这块土地上曾经的金戈铁马、战鼓轰鸣和历史沧桑。中国北宋时期的著名政治家、文学家司马光（1019—1086 年）在《延安道中作》这首诗中说："细水淘沙骨，惊飙转路尘。今朝见烽火，白首太平人。"这首诗描写的正是延安作为军事战略要地的历史场景，也生动地反映出生活在这片贫瘠土地上的人们对和平和富足的期盼。

进入 20 世纪后，这片在历史的大浪淘沙中几乎快要被人们遗忘的地方，在 1935 年 10 月中国共产党领导的中国工农红军来到后，又逐步回到中国历史的重要位置上来了，中国革命力量在这里实现了从小到大、由弱到强、由区域性执政到全国执政的历史性转折。"打断骨头连着筋，爬也爬到延安去。"这是革命时期中国整整一代青年人的心声和呐喊。在那个为国家民族前途命运斗争的峥嵘岁月里，延安成为中国走向新的道路和重新探索民族伟大复兴的新起点和新希望，

---

① 曹树蓬、高建菊:《延安古今大事记》，陕西人民出版社 2015 年版，第 3—4 页。

这奠定了延安在 20 世纪以来中国历史上的重要地位。

19 世纪 40 年代鸦片战争后，西方帝国主义国家发动了对中国的大规模军事侵略，中国从一个独立的主权国家越来越深地沦落为一个半殖民地半封建的国家。西方帝国主义的侵略激起了中国人民的强烈反抗，也激起了中国人民在新的条件下对国家民族出路的不懈探索。直到 20 世纪初，虽然一代代先进的中国人不断为国家民族的出路接续奋斗，也试验了各种各样的救国方案，但国家的情况依然是一天天地坏下去，在被"瓜分豆剖"中几近亡国灭种之境地。1921 年中国共产党成立，中国革命出现了"柳暗花明又一村"的历史转折，开始进入了以建立独立、统一、自由、民主、富强的新中国为目标的新民主主义革命阶段。经过 28 年艰苦卓绝的斗争，中国共产党终于领导广大人民群众完成了民族解放的历史任务，建立起了人民自己的国家。

在中国新民主主义革命史上，从 1935 年到 1947 年，延安曾经是中共中央的所在地。1935 年 10 月，经过艰苦卓绝的伟大长征后，中国革命成功地实现了战略转移，中共中央落脚在延安北边的吴旗镇（即现在的吴起县），结束了历时一年的红一方面军的长征。1937 年 1 月，西安事变和平解决后，中国的抗日民族统一战线开始形成，中共中央驻地正式迁往延安。自此，一直到 1947 年 3 月，由于国民党发动对延安的进攻，中共中央主动撤离延安。一年后，1948 年 3 月中共中央离开陕北，东渡黄河，迎接新中国的诞生。因此，人们一般把中国革命史上的 1935—1948 年统称为"延安时期"。延安时期是中国共产党成功领导全民族抵抗日本帝国主义侵略的伟大民族斗争时期，是中国共产党领导广大人民群众探索中国革命胜利和中华民族复兴道路的时期，是正确认识本国国情和革命实际形成毛泽东思想并确立了毛泽东思想在全党指导地位的时期，是领导建立陕甘宁边区政府、在局部执政条件下积累治国理政经验和为在全国执政做准备的时期，是领导了抗战结束后中国共产党与中国国民党的和平谈判并领导了中国人民解放战争的时期，是在艰难困苦的斗争中形成高度的历史自信、书写下"试看九州谁做主，万众瞩目清凉山"①的时期，是在中国革命史和中国近代史上具有重大意义的一个阶段。

正是因为延安作为中国革命史上中共中央 13 年的所在地，见证了中国共产党和中国革命在困苦中崛起、从胜利走向新的胜利的艰难岁月，为中国革命作出了重大贡献和重大牺牲，被赞誉为中国革命的"圣地"。党中央离开延安 70 多年后，虽经历史风云之变幻，延安作为"圣地"的形象至今在人们的心中依然不可磨灭，具有不可替代的历史地位。中国共产党在延安 13 年的峥嵘岁月中，留下的最宝贵的财富就是延安精神。

二、延安精神：中国共产党的宝贵精神财富

中华民族是一个在苦难艰险中不断奋斗、奋起和奋进的伟大民族。在 5000 多年的文明史上，中华民族既创造出伟大的物质文明成果，也创造出一个个伟大的精神文明成果，形成了以伟大创造精神、伟大奋斗精神、伟大团结精神、伟大梦想精神为主要内容的中华民族精神，不断谱写着人类精神文明的新辉煌。中国共产党诞生后继承了中华民族这一优秀的精神文化基因，把民族的精神创造力与中国革命、建设和改革的实践结合起来，在不同历史时期用自己的伟大实践铸就了许多璀璨的精神成果，比如革命时期的红船精神、井冈山精神、长征精神、延安精神、抗战精神、西柏坡精神，建设时期的铁人

---

① 语出陈毅同志 1945 年所写《咏"七大"开幕》一诗。清凉山是延安市内的一座历史文化名山，也是中国革命时期延安的象征。

精神、"两弹一星"精神、雷锋精神、焦裕禄精神，改革开放时期的特区精神、抗洪精神、抗震救灾精神、孔繁森精神、航天精神、奥运精神、抗击非典精神、抗疫精神等。这些具有内在逻辑性和历史传承性的精神形态，构成了中国共产党的精神体系，滋养和激励着中国共产党人不断进行伟大斗争。中国共产党的精神体系，既是中国共产党人对中华民族和人类精神文明的杰出贡献，也是中国共产党自身发展的深厚而不竭的动力源泉。

习近平总书记指出："完成非凡之事，要有非凡之精神和行动。"①延安时期既是中国革命史上一个重要的关键阶段，也是中国共产党和中华民族精神创新史上一个重要的关键阶段，在这个阶段，中国共产党在领导中国革命斗争的过程中把中华民族的优秀精神品质与中国革命的斗争实践相结合，形成了中国共产党人精神体系中最为重要的一个精神成果——延安精神。延安精神是中国共产党精神体系极其重要的组成部分，是中国共产党人的宝贵精神财富，在中国共产党领导的人民事业发展中具有恒久的时代价值。

延安精神是中国共产党领导中国人民在异常艰难困苦的斗争环境中生存、崛起、发展和走向胜利的历史斗争的精神结晶，具有四个方面的科学内涵，即坚定正确的政治方向，解放思想、实事求是的思想路线、全心全意为人民服务的宗旨意识，自力更生、艰苦奋斗的创业精神。坚定正确的政治方向就是指要独立自主地探索并坚持本国正确的发展道路；解放思想、实事求是的思想路线就是反对教条主义，也反对经验主义，不迷信，不盲从，不照抄，不照搬，根据自己的实际情况独立思考和探索；全心全意为人民服务的宗旨意识就是必须要把人民群众的根本利益作为党领导革命和进行执政的根本目标；自力更

---

① 《习近平谈治国理政》第三卷，外文出版社 2020 年版，第 147 页。

生、艰苦奋斗的创业精神就是不等不靠，领导人民群众依靠自己的双手来创造属于自己的美好生活。伟大的事业锻造了伟大的精神，伟大的精神滋养着伟大的事业。延安精神一旦形成就超越了它所产生的具体历史条件而具有了恒久的价值，是滋养中国共产党优良传统和作风、崇高品德、伟大情怀的精神源泉和集中体现。延安精神既是一个革命政党在特定的革命时期锤炼的精神品质，也是一个伟大民族在自己历史发展的特定时期铸就的伟大精神文明形态，是中华民族精神和中国共产党的政党精神的高度融合。

作为延安精神的发祥地，延安承载着中华民族和中国共产党人弥足珍贵的历史记忆、崇高的理想追求和伟大梦想的荣耀，激励着一代代中国共产党人不懈地奋斗在为民族谋复兴和为人民谋幸福的征程中。著名诗人贺敬之1956年重回延安时，写了一首著名的抒情诗《回延安》，诗中说："心口呀莫要这么厉害地跳，灰尘呀莫把我眼睛挡住了……手抓黄土我不放，紧紧儿贴在心窝上。几回回梦里回延安，双手搂定宝塔山。千声万声呼唤你——母亲延安就在这里！"这首诗自创作以来的60多年里，不断被中国人民所熟记和传诵，充分表明了延安精神在中华民族情感世界和中国共产党精神体系中的重要地位。

历史证明，延安精神是中国共产党性质和宗旨的集中体现，是党的优良传统和作风的集中体现。党的十八大以来，习近平总书记立足新时代中国共产党领导的伟大斗争，多次强调要不断弘扬延安精神的时代价值。2015年2月，在陕西视察时习近平总书记指出，老一辈革命家和老一代共产党人在延安时期留下的优良传统和作风，培育形成的延安精神，是我们党的宝贵精神财富。今天，全面从严治党要继续从延安精神中汲取力量。5年多后的2020年5月，习近平总书记在陕西考察时讲到延安精神再次指出，延安精神培育了一代代中国共产党人，是我们党的宝贵精神财富。要坚持不懈用延安精神教育广大党员、干部，用以滋养初心、淬炼灵魂，从中汲取信仰的力量、查找党性的差距、校准前进的方向。2020 年 9 月 19 日，习近平总书记致信祝贺中国延安精神研究会第六次会员大会召开时强调，延安是中国革命的圣地，老一辈革命家和老一代共产党人在延安时期培育形成的延安精神是我们党的宝贵精神财富。希望同志们在新的历史条件下，坚持正确政治方向，服务党和国家工作大局，深入研究、大力宣传、认真践行延安精神，努力为全面建成小康社会、乘势而上开启全面建设社会主义现代化国家新征程提供强大精神动力。习近平总书记关于延安精神的这三次重要论述，是立足新时代中国的伟大斗争，对延安精神时代价值的再思考、再审视和再实践，也指明了在脱贫攻坚实践中不断弘扬延安精神的方向。

三、在脱贫攻坚中不断弘扬延安精神

2012 年 11 月 15 日，在党的十八大结束后召开的新一届中共中央政治局常委同中外记者见面会上，习近平总书记说："人民对美好生活的向往，就是我们的奋斗目标。"① 这极其简练、清晰地阐明了中国共产党一以贯之的执政理念和执政目标。要实现这个目标必须集中力量解决发展中的不平衡不充分问题，特别是要在根本上解决当时的 9800 多万贫困人口的生存和发展问题。党的十八大后，中国共产党广泛动员和组织全国人民，以雷霆之力发动了一场经济社会发展中的脱贫攻坚战。这场特殊的"战争"是从当代中国实现全面建成小康社会的总体目标出发进行设计的，它的目的是要让当时 9800 多万人

---

① 《习近平谈治国理政》，外文出版社 2014 年版，第 4 页。

口摆脱绝对贫困，过上"两不愁三保障"的生活，即使贫困人口实现"不愁吃、不愁穿，义务教育、基本医疗、住房安全有保障"的生活，在摆脱绝对贫困后有能力在新的起点上为新的富裕生活继续奋斗。

中国共产党领导的脱贫攻坚战具有两个重要特点：一是制订科学的脱贫战略。为了从根本上解决"穷根"，解决中国贫困人口的长期发展，中国共产党根据这 9800 多万人口所处地域的不同特点，规划了"五个一批"的脱贫战略，即"发展生产脱贫一批、易地搬迁脱贫一批、生态补偿脱贫一批、发展教育脱贫一批、社会保障兜底脱贫一批"。"五个一批"的脱贫战略描绘出了中国特色扶贫道路的基本体系，既具有一般性又具有针对不同区域发展实际和比较优势的巨大包容性。二是高度强调脱贫攻坚的精准性。在强调精准识别贫困人口的基础上进行建档立卡，把扶贫工作精准到村、到户、到人，这是新时代脱贫攻坚的全新要求和全新特点，鲜明彰显出了中国脱贫攻坚战中以人为本的理念，也在客观上决定了中国特色扶贫道路的科学性。

习近平总书记指出："到 2020 年全面建成小康社会、自然要包括农村的全面小康，也必须包括革命老区、贫困地区的全面小康。所以，党中央特别关心革命老区、贫困地区发展。"① 新中国成立以后，特别是改革开放以来，延安经济社会不断快速发展，延安人民的收入水平也不断提高。1985 年时，延安城镇居民人均可支配收入是 519 元，到 2014 年时增长到了 30588 元。但城乡之间、不同县域之间的发展差别依然非常大，不少人特别是农村居民生活在贫困线以下，还过着"吃粮靠返销，花钱靠救济"的日子。整体上说，到 2014 年底时，按照当年的贫困标准，即农村居民家庭人均纯收入 2300 元人民币 / 年，延安仍有 3 个贫困县（延长县、延川县和宜川县）, 693 个贫困村, 7.62

---

① 习近平：《在河北省阜平县考察扶贫开发工作时的讲话》,《求是》2021 年第 4 期。

万户 20.52 万人生活在贫困线下，占到了延安全市人口近十分之一。向绝对贫困开战、组织广大人民群众开展脱贫攻坚成为新时代延安广大人民群众的豪情壮志。

2015 年，是中国扶贫工作历史上非常重要的一年，也是延安发展史和脱贫攻坚战场上非常重要的一年。这一年的 2 月，习近平总书记回到延安、回到他生活过的梁家河，与当地群众一起欢度中国传统农历春节。2 月 13 日，习近平总书记在延安主持召开了陕甘宁老区脱贫致富座谈会。在座谈会上，习近平总书记说："老区和老区人民为我们党领导的中国革命作出了重大牺牲和贡献，我们要永远珍惜、永远铭记。全面建成小康社会，没有老区的全面小康，没有老区贫困人口脱贫致富，那是不完整的。"① 在前期一系列的调研基础上，2015 年 11 月，中央召开了扶贫工作会议。习近平总书记在中央扶贫工作会议上全面系统地阐述了中国在新的条件下精准脱贫的战略思想和战略部署。习近平总书记指出："全面建成小康社会、实现第一个百年奋斗目标，农村贫困人口全部脱贫是一个标志性指标。"②"全面建成小康社会，是我们对全国人民的庄严承诺，必须实现，而且必须全面实现，没有任何讨价还价的余地。不能到了时候我们说还实现不了，再干几年。也不能到了时候我们一边宣布全面建成了小康社会，另一边还有几千万人生活在扶贫标准线以下。"③ 此后，中央出台了《关于打赢脱贫攻坚战的决定》《关于加大脱贫攻坚力度支持革命老区开发建设的指导意见》，为革命老区打赢脱贫攻坚战发出了动员令、吹响

---

① 《把革命老区发展时刻放在心上——习近平总书记主持召开陕甘宁革命老区脱贫致富座谈会侧记》，《人民日报》2015 年 2 月 17 日。
② 《习近平关于全面建成小康社会论述摘编》，中央文献出版社 2016 年版，第 154 页。
③ 《习近平关于全面建成小康社会论述摘编》，中央文献出版社 2016 年版，第 154 页。

了冲锋号，标志着进入新时代后中国打响了精准脱贫的最后攻坚战，也把延安实现脱贫共富的努力推进到新的阶段。

"人是需要一点精神的。"这是大多数中国人都非常熟悉的一句话。这句话看似极其简单，但它又是极其深刻的。中国的脱贫攻坚不是慈善救济，而是要引导和支持所有有劳动能力的人，依靠自己的双手开创自己的美好生活。因此，在延安实现脱贫攻坚的过程中始终贯穿着一条精神上的主线，这条主线就是延安精神。延安精神是中国共产党领导广大人民在延安这片热土上锻造、生成的一个伟大精神形态，是在极其困难的环境中中国共产党领导人民群众走向中国革命胜利过程中形成的伟大精神成果，是中华民族持之以恒的吃苦耐劳精神在延安时期中国人民身上的历史传承和鲜明体现，也是激励延安人民在党的带领下决胜脱贫攻坚的伟大精神力量。

"惟其艰难，才更显勇毅；惟其笃行，才弥足珍贵。"在延安人民实现脱贫共富的斗争过程中，国家给予了重大的帮助和支持，但延安脱贫致富并不是由国家全包下来，也不是依赖国家实现脱贫。一代代延安人始终坚持用延安精神建设和发展延安，把延安精神作为精神动力，在延安精神的传承和弘扬中推进实现脱贫攻坚和实现共富的斗争，特别是把自力更生、艰苦奋斗的创业精神紧紧地融入延安的建设和发展中，使得延安实现脱贫和共富的斗争既成为物质生产领域中向贫困开战的一场命运拼搏，又成为感天动地的一次精神奋进，这使得延安精神这一中国共产党的宝贵精神财富在延安实现脱贫共富的过程中被不断地传承和弘扬下去。

第 一 章

要想致富先修路

"要想富，先修路。" 20 世纪八九十年代，在中国农村的各个角落里随处可见这一标语和口号。经过几十年的努力，中国大地的交通发生了革命性的变革，成为中华民族不断走向富裕和高质量发展的血脉。在延安也是这样的，渴望富裕生活的人们把希望寄托在改变落后的交通条件上。在一代代人持续不断的努力下，延安人民最终彻底改写了延安交通基础落后的历史面貌，完成了从"昔日赶着毛驴走四方"到"今朝坐着飞机追梦想"的伟大跨越。

第一节　没有火车的历史的终结

一般来说，贫困往往是与落后的交通条件交织在一起的。因为贫困，所以交通条件落后。反过来，因为交通条件落后，制约了发展，所以贫困。因此，与贫困作战，必然要包含着一场深刻的交通革命。无论是世界发展的经验还是中国发展的经验，都已经充分证明，没有发达的交通，就走不出闭塞，实现不了发展，也摆脱不了贫困。

一、西延铁路的通车

历史上的延安，长期以来交通条件极其落后，人们出行极其不方便。新中国成立以前，可以说，延安基本上没有现代意义的公路。新中国成立后，延安的交通条件逐渐开始有所改善，但发展依然很慢。1978 年之前，延安全市公路总里程仅有 5440 公里，除 984 公里低标准渣油路外，其余全部为土路。就是在"发达的"延安市内，1978 年时，根据延安市南十里铺的观测点统计，每天 24 小时通过的车辆只有 900 多辆，桥沟的检测点检测的也只有 1200 多辆。南十里铺和桥沟都是当时延安的两个交通要道，这可见当时延安交通的总体情况。因此，这一时期里，凡是去过延安的人，最大的、最直接的印象和感受就是行路难，可以说，差不多也是"难于上青天"。

改革开放以来，延安区域内县城和县城的交通、县城里农村和农村之间的道路交通，得到了很大的改善。在这一阶段交通条件的改善上，最值得一提的，也是最大的成就是西延铁路的通车。自此，延安开始结束没有火车的历史，交通条件和环境得到了历史性的改变。

1991 年 12 月 26 日，在毛泽东诞辰 98 周年的时候，经过几代人努力建成的西安和延安之间的西延铁路正式通车，延安人民终于拥有了象征着现代工业文明的火车。通车的这一天，延安万人空巷，数不清的人都来参加西延铁路铺轨到延安庆典。人们扶老携幼，如潮水般涌向延安火车站，都想一睹火车开进延安的风采。当年的 12 月 28 日，《人民铁道》报头版发表了一篇报道，题目是《在毛泽东诞辰 98 周年这一天革命圣地无铁路的历史结束》，描述了当时延安人民的欢庆场面："毛泽东诞辰 98 周年的今天，铁路铺轨到延安。喜讯如一股春风，迎来满山遍野的人，队伍从鞭炮、烟花齐放的市区，一直通向挂着 3000 多盏彩灯、夜放光芒的宝塔山。"这非常形象地描述出了延安人民在多年付出拥有了自己的铁路后内心的无比喜悦。在延安人的记忆里，许许多多困难中出行是最大的困难。当时走一趟西安，300 多公里路，需要 2 天时间，要在铜川住一晚。一位叫黄祺的老司机后来回忆说：过去延安到西安得走两天，一是路况不好，二是车不行，延安起身第一天要住到铜川，第二天才能到西安，如果遇上冬天，下雪或者下雨，宜君①那个山上就翻不过去，那就说不定三四天才能到。黄祺所说的这种情况，在延安人拥有了火车后，就一去不复返了。

西延铁路全长 334 公里，贯穿于陕北黄土高原沟壑区，沿途河谷交错，地质情况复杂，共有大、中桥 147 座，隧道 103 座，工程之艰险令人赞畏。回望 1991 年这个延安交通史上的界标，在厚重的历史穿越中倍感这条铁路的来之不易。还在 1905 年时，鉴于延长石油资源的开发，当时的清政府就动议过要修一条延长—延安—西安的铁路，但由于成本高、投资大，后来这一计划就被放弃了。再到重新对延安铁路进行规划的时候，已经是 50 多年之后了。20 世纪 50 年代，延安的铁路建设开始了规划。1959 年，陕西省公布了包西铁路②建设路线，最终确定包西铁路由西安北上时要途经延安。在 1973 年，途经延安的第一条铁路——西延铁路正式开工建设。从这个时候起，到 1991 年正式建成通车，中间建建停停，前后经过 20 年的风风雨雨和艰辛努力，延安人民终于实现了自己的铁路梦，就从这一天起，延安的交通史被改写了。

---

① 宜君县是位于延安和西安之间的铜川市所属的一个县。
② 包西铁路，北起内蒙古包头，南至西安，全长 800.9 公里。

二、延安通火车背后的牺牲和付出

为了西延铁路，延安人民付出了巨大的代价。建设资金上有问题，想了各种办法，地方自筹、向银行贷款、向国家申请增加出口赚取外汇补充修路资金。据统计，在西延铁路建设过程中国家投资 6 亿多元，延安人民省吃俭用筹资 2 亿多元。为了这条铁路，延安人民一共投入 70 多万个劳动力。为了铁路征地，有的村征地过后每人只剩 0.03 亩耕地，人却没被安置，补偿款也没到手，但延安人民默默地接受了这一切，他们是在为自己的铁路梦想而牺牲和付出。为了这条铁路，建设工地上的人们发出了"火车不到延安不回家"的豪迈誓言。因为施工条件差，许多时候，要用人手来一筐一筐地把土从隧道里往外送，大家团结在一起，一点点推进工程的进度，展现出一种为实现铁路梦想战天斗地的苦干精神和发展情怀。

今年 46 岁的王钧是中国铁路西安局集团有限公司延安工务段甘泉线路车间延安线路工区的工长。1986 年，王均的父亲王永民从部队退伍，投身到铁路筑路大军中，先后转战不同的铁路线，最终来到了心中的圣地——延安，成了一名地地道道的陕北铁路人。20 世纪 90 年代，没有液压捣固机、没有电动捣镐、没有齿条起道器，王永民跟其他职工一起，背着干粮、肩扛洋镐、手提铁锹，8 人一组，扛着 12.5 米长的钢轨，一步一步丈量着 2201 米的隧道。"当时的工作就是铺轨，我们没日没夜地干，心里憋着一股劲，累了就睡一觉，第二天又精神饱满地上线路了。"现年 70 多岁的王永民回忆道，"那时候连住的地方都没有，我们就自己动手搭简易毛毡房，有时候冬天实在冻得不行了，只好去周围老乡家租房子住。"最令老人一生引以为荣的，就是自己主动请缨参加了宝塔山隧道的修建任务。这条前后修了整整 3 年的隧道，见证了他的汗水和青春。在父亲王永民的感染下，王钧从小便对宝塔山和铁路充满了崇敬之情。18 岁那年，王钧通过考试正式成为延安工务段弥家河工区的一名养路工。轮到自己干活了，王钧才发现，平时那些看起来不起眼的工具此时仿佛有千斤重，而线路又是那么漫长。王钧说："那一刻我才知道父亲有多厉害，也明白了他对我的嘱咐。"19 岁那年，王钧第一次深夜巡道，由于天寒地冻、地处深山，隧道阴暗湿滑，那些平日里闭着眼睛都不会走错的轨枕仿佛在跟王钧开玩笑，时不时冒出一根拉杆差点把他绊个跟头。安静的隧道里突然传来一阵轻微的响动，他鼓足勇气定睛一看才发现是隐藏在道砟里的老鼠在作怪。为了给自己壮胆，王钧提高嗓门，一路吼起了《信天游》。2005 年，王永民迎来了自己铁路生涯的终点。退休的那一天，王永民带着儿子最后一次走进宝塔山隧道，在这个特殊的地方将自己随身携带多年的《养路工》一书送给了儿子。王永民说："记住，这条路得来不易、意义重大，你必须要养护好。"宝塔山隧道的安全畅通已成为王钧一家人心中的牵挂。

正是有许许多多像王永民父子这样的人，延安人民以持续而坚强的毅力终于结束了没有火车的历史，而且在对这条像金子一样的铁路的守护中，又不断地开创出延安交通变革的新时代。

第二节　21 世纪延安交通的革命性变革

结束没有火车的历史，对于延安这样一个在历史上长期闭塞的地方来说，具有非凡的意义。但延安人民在脱贫的道路上，并没有因为建成了一条铁路而自满，就停下了脚步，他们有着更大的梦想，他们也会以更大的毅力去实现这一个梦想，去彻底改变延安交通的发展面貌。

一、铁路的革命性变革

进入 21 世纪以来，延安人民在改善自己的交通环境方面，几乎是梦什么，来什么；要什么，有什么；想什么，成什么，推动着一个交通的革命性变革时代的到来。2005 年 7 月 1 日，在庆祝中国共产党建党 84 周年的时候[①]，延安至北京西的 T46 次列车在延安首发。这是陕北革命老区首次开出跨局直通特快列车，单向里程 1552 公里，运行时间 16 小时 38 分，可谓朝发夕至。延安至北京无直通旅客列车的历史彻底结束了。"北斗星亮晶晶，坐上火车逛北京。"延安人民再一次实现了自己的梦想。

2012 年 7 月 1 日，在中国共产党建党 91 周年的时候，时速 160 公里的"和谐"号列车组徐徐驶出了延安，掀开了延安交通运输史的新篇章，把延安的交通运输业推进到了"动车时代"。西延动车奔驰在黄土高原上。这条横卧在黄土高原的钢铁巨龙，把延安到西安的时间缩短为 2 个小时 10 分钟，为延安乃至整个陕北地区的经济社会发展插上了腾飞的翅膀。加上中国铁路 12306 订票网站和手机 APP 的广泛、高效运用[②]，使人们的出行在动动手指头的时间里就能成行。延安市民杨振华回忆起 30 年前的交通状况感慨地说："那时候没有火车，

[①]　正因为延安在中国共产党历史上的重要地位，因此延安交通革命史上的重大事件一般都是以中国共产党诞生的重大纪念日为时间标志的。

[②]　铁路 12306 不仅为铁路出行提供方便的订票功能，而且也利用自己的平台优势助力脱贫攻坚。在 12306 的扶贫商城中已有河南栾川县、陕西勉县、宁夏固原市原州区和新疆和田县等多地的企业上线试运营农副产品、手工艺品等七个品类百余种商品。除此之外，铁路 12306 还开设"扶贫推介"板块，动态宣传贫困地区人文风景和特色物产，覆盖更多贫困地区，惠及更多贫困群众，引来更多企业的合作。

出门只能坐汽车，去一趟西安得颠簸一整天。若去北京、上海等大城市，要先坐汽车到西安，再倒火车，得走好几天。要是遇到雨雪天气，那就出不了门了。自从

延安火车站

通了火车，风雨无阻，方便又安全。一张火车票就可以直达北京、上海、成都……"

二、整体交通条件的革命性变革

在铁路交通发生革命性变革的同时，延安的其他交通条件也发生了革命性变革，使延安出现了整体性的交通变革，形成了一部完整的区域性交通革命史。

2003年9月25日，延安境内第一条高速路延安—安塞线开通，延安修建的第一条高速路开启了延安改革开放的新征程。随后的2006年，靖边至安塞、黄陵至延安的高速路也相继建成通车，成为包茂高速延安境内重要的组成部分。从2010年到2018年，青兰高速公路（山东青岛市到甘肃兰州市）延安段、延安至延川高速公路路段、黄延高速公路第二通道、延安至志丹至吴起的高速公路相继开通，吴华高速公路（从陕西延安吴起县到甘肃华池县）延安段，榆蓝高速公路（陕西榆林市到陕西蓝田县）延安段，安塞—子长—清涧以及子长—姚店高速路也正在建设过程中。2020年，延安境内的高速公路里程达到1400公里，形成"三纵两横一连一环"的高速路网格

延安——安塞高速

局，县县通高速正在成为现实。为了通过交通变革带动经济发展，2016 年，延安沿黄公路修通，连接起延安宜川、延长、延川三个县的 326 个村子，成为黄河沿岸最美的观光路，老百姓最需要的致富路。火车的汽笛声、宽阔的高速路和风景秀美的沿黄公路，使人心情舒畅又催人奋进，让延安人民更加努力地奋斗在新时代新延安的建设和发展事业中。

2018 年 11 月 8 日，新建的延安南泥湾机场启用，由杭州飞往延安的航班顺利抵达延安南泥湾机场，标志着延安机场迁建项目正式通航，新机场位于延安城南柳林镇南二十里铺尚家沟山顶，距离市区 13.5 公里。新机场总投资约 30 亿元。自 2013 年 7 月开工以来，克服了湿陷性黄土区地形地质条件复杂、高挖深填沉降变形不协调等关键性技术难题。延安新机场启用后，加密增开了延安至北京、上海、广州、深圳、杭州、沈阳、青岛、厦门等全国主要城市的航线，年旅客吞吐量超过 60 万人次，延安民航事业进入一个里程碑式的新时代。

延安日新月异的路网交通，成为改革开放四十年写在延安大地上的最炫风景线。延安公路通车的总里程达到了 21086 公里，是 1978 年的 4.2 倍。其中，高速公路 833 公里、干线公路 3251 公里、农村公路 1.7 万公里，"三纵两横"高速公路骨架基本形成，全面实现县区通二级公路、乡镇通油路、建制村通硬化路。延安火车站现在每天

延安南泥湾机场鸟瞰图

过往列车达 80 多对，延安南泥湾机场开通全国 16 个城市 20 条航线，初步构筑起以公路、铁路、航空为一体的立体综合交通运输体系，使延安再次经历了一场深刻的交通革命，长期制约延安发展的交通运输瓶颈得到根本解决，有力保障了延安的对外交流合作、经济发展，满足人民群众安全便捷舒适出行的能力显著提升。

延安整体的交通环境在不断发展的同时，贫困地区的交通条件也不断得到改善。脱贫攻坚战开展以来，延安大力提高乡村公路质量等级，累计投入资金 40.2 亿元，新改建通村沥青（水泥）路 2104.2 公里，整治通村公路 1866.5 公里，解决了 800 多个村的交通通畅问题，实现了全市县县通二级公路、乡镇全部通三级水泥路和所有贫困村通水泥路或柏油路，各县市区基本形成了以县城、重点镇和新型农村社区为中心的一小时交通圈，道路交通长期落后的状况实现了根本好转，铺就了老区人民致富奔小康的康庄大道。

交通变革带动经济发展，推动人民走向生活富裕，这是一个颠扑不破的真理。延安脱贫攻坚战的发展实践再次充分证明了"要想富，先修路，处处通，财源来"这一朴素的发展真理。在交通条件发生巨变的过程中，延安出产的小米、苹果等特色农产品走出黄土高原，走向世界；煤炭、石油等能源资源也大量地供给到全国各地；许许多多的外地人来到延安，在这里生活工作、做生意；来自全国和世界各地的游客们熙熙攘攘，映衬着延安的一片繁荣发展，一派欣欣向荣，也让延安精神在与时俱进中熠熠生辉，不断放射出新的时代光芒。

第 二 章

因地制宜发展农村特色致富产业

中国脱贫攻坚的一个重要经验就是，摆脱贫困首要的并不是摆脱物质的贫困，而是摆脱意识和思路的贫困，以发展的眼光并依据贫困地区所处的实际来思考如何从根本上走出贫困。因此，在国家的精准脱贫战略中，通过发展生产脱贫一批就成为一个非常重要的战略内容。发展生产脱贫一批，就是要在贫困地区形成特色化的致富产业，走好产业扶贫的道路，让贫困人口在产业的支撑下实现脱贫和走向稳定的富裕生活。也就是说，不仅要让贫困人口有达到脱贫标准要求的收入，而且他们自己也要有足够的能力去挣钱，这是实现脱贫攻坚任务的基础和关键。延安在发展农村产业扶贫的过程中把"输血"和"造血"充分地结合起来，走出了一条具有可持续性的产业脱贫和产业致富道路，实现了贫困人口稳定脱贫和稳定致富的双胜利，以高超的创新能力把延安精神弘扬到新的实践高度。

第一节 丰富多样的农村致富产业

地处黄土高原的延安，具有许多优良的资源禀赋条件。这种资源不仅是石油、煤炭等矿产资源，还包括丰富的农产品和文化资源。只要有了新的意识和新的思路，这些都能够成为新的条件下延安人民在脱贫攻坚中走向富裕可资开发和利用的独特资源。

一、加强特色产业的投资

脱贫攻坚的过程中，最关键的是形成产业支撑，培养、形成和壮大特色产业带动致富是最为根本的要求。对贫困地区来说，只有走特色化产业发展道路，形成有附加值的产品，才能在市场经济的大环境中形成自己的核心产业竞争力，也才能在根本上带动贫困群众致富。应该说，这也是中央关于"发展生产带动一批"脱贫攻坚战略的核心要义。脱贫攻坚战开展以来，延安人民积极地开发和利用这些资源，形成了一大批特色致富产业，带动了一大批贫困人口实现脱贫。

发展生产首先必须要有资金。在延安脱贫攻坚中，为了集中解决农业产业资金问题，一方面政府加强了资金投入。仅2017年，延安产业扶贫就投入8.46亿元，以发展苹果、盆栽、养殖业等为重点，覆盖1.59万户4.93万人。另一方面，又加强了农民之间的互助资金筹集和建设。到2018年，延安全市发展了247个村级互助资金协会，实行"5户联保+产业大户担保"的管理模式。通过这种模式，延长、洛川等县累计筹集财政资金3600万元，协调金融部门按1∶10的比例放大贷款规模，累计为贫困户发放贷款1.9亿元，覆盖贫困户6300户1.76万人以发展特色农业产业，通过这些产业实现了户均4000元以上的年收入。在互助资金筹集的基础上，延安的特色致富产业迅速发展，支撑着近60%的贫困人口走出贫困。

1943年11月，毛泽东在中共中央招待陕甘宁边区劳动英雄大会上的讲话中说，组织起来"这是人民群众得到解放的必由之路，由穷苦变富裕的必由之路"①。延安时期中国共产党领导人民群众实践了这一正确的认识。脱贫攻坚中，延安人民再次以新的实践方式证实了这一正确的认识。在政府支持的基础上人民群众紧紧团结在一起，形成了推动特色产业创新发展的强大的有组织的力量。

二、雨后春笋般生长出来的特色产业

在延安大地上，特色致富产业可以说是随处可见，洋溢着一派勤劳创业的动人景象。延安南部的黄龙县依托生态资源优势，在精准扶贫工作中通过发放扶持蜂箱、提供技术指导、对接销售渠道等途径全力打造"全国中蜂第一县"。目前，黄龙县已养殖中蜂 8.8 万箱，年产蜂蜜 1300 吨，实现产值 7000 余万元，农民人均增收近 2200 元。黄龙的贫困户白建成一家，在 2018 年时就养了 80 来箱蜂，一年下来产蜜 1200 来斤，收入就是 4 万多元。他高兴地说："现在生活水平一下就提高了，我会把蜂养得更好，把这甜蜜的事业一直干下去。"黄龙拥有蜜源植物 300 余种，养殖蜂蜜的技术水平要求并不太高，市场需求量又大，完全适合靠山吃山、靠水吃水的黄龙贫困户形成自己的产业，走向富裕。也正是依托着养殖蜂蜜，黄龙全县精准扶贫户中的 108 户 290 人率先实现了脱贫摘帽，占到了 2014 年全县贫困人口的 10%。

延安东北的延长县不少地方走上了种红薯致富路。红薯长年以来只是被作为充饥之用，起着对"粮食"的补充作用，基本上没有人能发现红薯种植能够成为一个支撑富裕生活的产业。脱贫攻坚开展以

---

① 《毛泽东选集》第三卷，人民出版社 1991 年版，第 932 页。

来，延安县甘谷驿镇的村民决定摒弃玉米改种红薯，走上一条艰难但又充满了希望的道路。在科技专家的帮助下，通过改良红薯的品种和种植方法，研发出了 22 种红薯特色产品，硬是把甘甜醇香的"小红薯"变成了致富的金疙瘩，创造出了"甘谷驿红薯"的知名品牌。目前，全镇 16 个行政村，村村有红薯，种植面积达 6000 亩，年产值 3600 多万元，让"薯"光照亮了"红薯小镇"496 户贫困户的致富路。过去种粮食，好的时候一亩收入也只是近 3000 元。现在改种红薯后，再加上村民从村合作社的分红，一年的收入至少在 1 万多元。除了红薯，延安这片土地上的许多东西，小米、核桃、豆类植物、羊肉、荞麦、油糕和油馍馍①这些几千年来养活这片土地上的人们的物产，重新被人们发现了它们的价值和意义。这些物产被勤劳的人们商品化、产业化、市场化后，成为外界了解和走近延安的窗口，也打开了延安人民走出贫困、走向富裕的一条新的通道。

延安市黄陵县是中华人文始祖轩辕黄帝的陵寝所在地，是全体中华儿女在中国传统的清明节的共同祭祀地。脱贫攻坚战打响以来，黄陵县依托周边丰富的水资源，引进小龙虾、大闸蟹养殖，实现了渔业产业化、规模化发展，让特色养殖成为百姓致富的摇钱树。李安全是黄陵县兴业农业种植养殖专业合作社秘书长。在 2018 年的一次采访中，他在介绍自己的产业时说："十亩地放了 1300 多斤虾苗，截至现在已经捕捞出了 500 多斤，订单供不应求，一斤卖 40 块钱，预计纯利润能达到 8 万元左右。"目前，黄陵县水产养殖总面积超过 15000 亩，总产值达到 5000 多万元，养殖基地遍布店头、隆纺、田庄等多个乡镇，共带动周边 300 多户群众参与水产养殖业，成为脱贫致富的

---

① "油糕"和"油馍馍"是陕北人在中国农历春节前做的一种食物，由糜子制成，先蒸后炸，一般是在农历新年和正月里吃，现在已经成了一种日常化的食品。

重要途径。

延安宝塔区的冯庄乡康坪村则把大棚种植甜瓜的产业搞得红红火火。康坪村是宝塔区的一个贫困村，有建档立卡贫困户 34 户 54 人。精准扶贫工作开展以来，

黄陵县池塘养殖大闸蟹

为了加快村民脱贫步伐，该村引导村民发展大棚甜瓜，经过几年的摸索，产业规模逐年扩大，村民增收致富步伐明显加快。截至 2018 年，在各级政府的支持下，康坪村已发展温室大棚 150 座，户均 2 座，年产值近 500 万元。2017 年底，全村农民人均纯收入达到 1.5 万元。村里的 34 户贫困户，除对 1 户无劳动能力的贫困户实行兜底脱贫外，其余 33 户有劳动能力的贫困户都通过发展产业脱了贫。韩福虎是康坪村最早发展大棚甜瓜产业的村民，现在已经成了村里的产业大户和致富带头人。仅在 2018 年，全年下来，收入达到了 13—14 万元。在韩福虎等产业大户的带动下，康坪村越来越多的村民依靠种植大棚甜瓜，走上了脱贫致富路。60 多岁的村民李海涛，因为没有长效稳定产业，家里一直脱不了贫。为了帮助和李海涛一样的贫困户通过发展产业实现脱贫，2016 年村上通过争取项目支持，积极谋划，帮助贫困户改建大棚、加固墙体、更换农膜和棉被、安装自动卷帘机等，有效解决了产业发展的瓶颈。通过种植甜瓜脱了贫、致了富的李海涛，怎么也掩饰不住内心的喜悦，他在总结自己脱贫致富的经验时说："以前在地里干农活儿，一年下来才能挣两三千元。农闲时候也出去打工，但工资不固定。现在可不一样了，光是我这一棚甜瓜，一季下

来就能有三四万元的收入。"

　　在脱贫攻坚中延安各地冒出来的特色致富产业，还有香菇、瓜果蔬菜、食用菌、家禽养殖等，可以说是举不胜举。在延安的农村特色致富产业形成过程中，区域内国有经济的帮扶也起着重要的作用。2017年9月，由延长石油集团、延安市鼎源投资公司、陕西燃气集团、陕西果业集团、陕西旅游集团、中国石油陕西销售公司组成的"合力团"共同出资成立"陕西延安产业扶贫开发有限公司"。该公司分别在延安的三个贫困县——延长、延川和宜川设立了三个县级公司，投资88.21亿元，在三个贫困县谋划了36个产业扶贫项目，比如，建立延长县白家川智能选果线、郭旗生态示范基地项目，延川县苹果生产基地示范及产销服务中心、马家河农产品深加工生产线技改扩建项目，宜川县英旺大樱桃设施栽培示范基地建设、交里羊肚菌规模化种植基地扩建项目等，帮扶当地做大做强特色农业产业，增强贫困村经济持续发展能力，带动了延安贫困群众"摘穷帽、挖穷根"。除了传统的农业产业外，不少地方还依托现代科技项目形成新的致富能力。2017年，延安市光伏扶贫项目投资22.9亿元，建设266.29兆瓦光伏电站。该项目的建设在20年内可实现让1.64万户贫困户每户

光伏发电

每年增收3000元。黄陵县田庄镇安沟村是一个典型的贫困村。村里发展光伏发电项目后，靠着光伏发电项目，该村17户贫困户户均年收入增加了5000—7000元。现在，在延安，可以说，乡有特色产业、

村有增收项目、户有致富产品，使特色致富产业实现了对贫困人口的全覆盖，稳稳地托起了贫困人口走出贫困和走向富裕的梦想。

第二节　小苹果托起大产业

延安人民中流传着一句很朴实的话："延安脱贫，苹果立功。"在延安的特色致富产业中，苹果产业起着极其重要的作用，也是最具有典型性和代表性的特色致富产业。

一、延安苹果生产的基本情况

全世界能生长苹果的地方很多，但能成为世界最佳苹果优生区的地方却并不多。黄土高原光照强、昼夜温差大、海拔高、土层厚，具备苹果生长的全部关键气象指标，是非常宝贵的自然资源。在这种自然资源条件中种植出来的苹果色泽宜人、甘甜可口、营养丰富，有着"延安苹果甲天下"的美誉。很早之前，延安人就种植苹果，但主要是自发、分散地种植，目的也大多是满足家庭对水果的有限消费需求，规模不大，产量也不高。从 20 世纪 80 年代起，延安一些地方和一部分人开始比较大规模地种植苹果，通过种植和销售苹果先富了起来并产生了非常好的示范带动作用。在脱贫攻坚战打响后，延安在整体上加强了对苹果种植业的扶持和总体规划，制订了《延安·洛川苹果技术规范》《关于加快推动果业转型升级建设现代果业强市的意见》《延安市 2018—2020 年苹果产业发展行动方案》，积极推动延安苹果的产业化、规模化、品牌化和市场化，使延安的苹果迅速成为延安农业的支撑性产业，并涌现出像"延安苹果""洛川苹果""梁家河苹果"

这些著名的商标品牌，享誉海内外，洛川、黄陵、安塞、吴起、延川、子长等县都成为著名"苹果之乡"。目前，延安境内的苹果种植面积达到了 380 万亩，年产量 300 万吨，面积居全国地级市之首，产量占全省三分之一、占全国九分之一，苹果收入占农民收入的 60%以上。从另外一个角度来看，如今全世界每 20 颗苹果中，全国每 9 颗苹果中，全省每 3 颗苹果中，就有 1 颗是延安苹果。2017 年，延安苹果产业产值达 101.71 亿元，占全市种植业产值的 60%，有 100 多万人从事苹果产业，这占到了延安总人口的 44%，全市农民收入的 60% 来自苹果产业，70% 以上有劳动能力的贫困人口依靠苹果产业。"想致富，栽果树"，已经成为延安人民群众的深切体会和重要发展经验。

看似小小的苹果却让一批一批延安人通过苹果产业走上了富裕的道路。"苹果树上摘下了小车，摘下了楼房。"在脱贫攻坚中，通过大力推动气候、土壤条件较好的贫困地区种植苹果，为贫困人口走出贫困架起了一座桥梁。到 2017 年，延安市建档立卡的贫困户苹果种植总面积已达 12.5 万亩，挂果面积 6.8 万亩，总产量 8.2 万吨，产值 2.7 亿元，覆盖有劳动能力贫困户 1.55 万户，占到了全部有劳动能力贫困户的 33.18%。在有组织、有计划的帮扶下，帮助涉果贫困户们累计增收 5453 万元，人均增收 1014 元。一些地方在发展苹果种植业的过程中，也不断推动制度创新。富县的绿平果业现代农业园区通过"果园变资本、苹果变股金、果农变股东"的"三变"模式，将 155 个贫困户果园纳入园区生产基地，解决了贫困户有产业、没经验、成本高的问题，使贫困户深深地爱上苹果种植，越来越有信心把苹果种好、卖好，把自己的日子过好，让贫困的人们看到了希望，拥有了希望，也敢于去实现自己的希望。

二、洛川苹果品牌的炼成

提到延安的苹果，人们往往会想到洛川这个地方，会想到洛川苹果。

洛川是延安南边的一个县，全县人口 22 万。1937 年 8 月，中国共产党中央政治局在洛川召开了一次会议，制订了著名的"抗战救国十大纲领"，史称"洛川会议"，这也使得洛川在历史上非常出名。在延安的苹果产业格局中，洛川县有着十分重要的地位。洛川全县苹果种植总面积目前达到了 50 万亩，占全县耕地面积的 78%，人均 3.1 亩，居全国之首。2019 年，洛川的苹果产量高达 90 万吨，产值超过 50 亿元，远销全国和世界各地，是人民大会堂、钓鱼台国宾馆、中国女排和奥运会的专供苹果。在这里，农民收入 95% 以上来自苹果，农民人均纯收入持续多年保持在万元以上。依靠苹果，洛川 60% 的农户年收入超过 10 万元，12% 的农户年收入超过 20 万元，76% 的农户拥有自己的小汽车。

提到洛川的苹果，则必须要提到洛川的一个地方，就是洛川县永乡镇阿寺村。延安这片厚土是大自然对延安人的恩赐，是世界最佳苹果优生区。但人们认识到这一点，并把这一认识付诸生产实践却是比较晚的事情了。1947 年，也就是在 74 年前，洛川县永乡镇阿寺村一个叫李新安的村民，从河南省灵宝县拉回 200 棵果树苗，建起了延安第一个成片果园，今天这 200 棵果树中还有一棵存活着。这棵苹果树，是陕北和延安最老的一棵苹果树。1953 年，李新安的果园进入丰产期，产果 5000 余斤，他成为村里名副其实的"有钱人"。随后，全县兴起了大队、生产队大办果园的热潮，先后有 50 个村子建起果园，全县苹果种植面积达到 1.7 万亩，开始成为有名的"苹果县"。1983 年 5 月，李新安因积劳成疾，溘然长逝，但这个了不起的老人给22万洛川人民和226万延安人民留下了一笔取之不尽的财富——洛川苹果。李新安的女儿李秀琴后来回忆说："听我父亲说，当年他种苹果的收入是种粮食的十倍，我父亲种苹果富了，他就希望全村全县全延安的人都能靠苹果富起来，他的梦想就是漫山遍野都种上苹果树。"李新安的这一梦想在70多年后的今天变成了现实。现在，阿寺村有苹果树2850亩，农民人均纯收入连续多年上万元，成为延安"苹果第一村"。在整个延安，苹果种植面积已经近400万亩。李新安所期待的"漫山遍野都种上苹果树"的梦想开始变成了活生生的现实。

在历史上，由于人们的精力主要放在粮食生产上，包括苹果在内的许多经济作物只是作为副业来发展，副业是与作为主业的粮食生产相对而言的，是处于从属地位的产业。因此，苹果种植业发展非常缓慢。从1947年到改革开放前的1978年，在32年的时间里整个延安苹果的种植面积只增加到了26.9万亩，平均每年0.87万亩。改革开

洛川县凤栖街道芦白村贫困户屈学海采摘苹果

放后，在推动农业改革和改变单一粮食种植产业结构的过程中，延安人民逐步开始重新认识苹果种植对当地农业生产和农民致富的意义，在新的认识下开始一步步把苹果种植推到了农业生产的主导产业的地位。1985 年，在社会主义商品经济理论指导下当时的延安地委行署经过充分、广泛的论证作出了一个足以能够改变延安农业发展史的重大决策：决定优先在延安南部的塬区建立百万亩苹果商品基地，引导农民调整种植结构，解决农民的增收问题。作为塬地的洛川在这一决策下首先开始崛起并迅速发展，在相当长的一段时间里洛川苹果成了延安苹果的代名词。

洛川塬的苹果种植有比较好的历史基础。新中国成立后，在一代代果农的努力下，到 1978 年时，洛川的苹果种植面积达到了 4.1 万亩，占到了当时延安整个苹果种植面积的 1/6，年产量是 907 万斤。1978 年到 1986 年前后，在改革开放初期，洛川的苹果种植并没有太大的发展，到 1986 年时，洛川的苹果种植面积也才 4.12 万亩，仅比 1978 时增加了 200 亩。不过，这一时期，中国土地制度的调整和变化，实现了土地"包产到户""包产到人"，这为洛川苹果种植业的发展建立起坚实的新的制度基础。这种发展在 1986—1987 年两年就很明显地表现了出来。为了有计划有目的地推动苹果种植业的发展和力争建成"苹果商品生产基地重点县"，1986 年 3 月，洛川县政府专门成立了苹果生产办公室。这一机构的成立标志着苹果从林业生产中分离了出来，在苹果种植的规划和管理上获得了相对独立的地位，意味着人们对苹果种植重大经济社会意义认识的一次巨大飞跃。苹果生产办公室下设园艺站、果树试验示范场、果品服务公司，负责全县的苹果科研、试验、技术宣传、技术培训、技术推广和产前、产中、产后服务等工作。在成立了专门的机构后，洛川县很快制订了苹果生产发展 10 年规划并开始付诸实施。

1986 年，面对农民群众广建苹果园的积极性，洛川县开始积极推动扩大苹果种植面积。当年，全县第一次申报建园的农户达 4000 多户，面积合计 3.14 万亩。为了提高农民苹果种植的质量，10 月全县召开了由各乡镇长、果树专干及重点村技术骨干参加的苹果建园技术培训会议，邀请省农科院果树专家讲课，提出了栽植集约化、品种优良化、栽培矮密化、栽树规范化的"四化建园"标准。为了解决建园的经费问题，县民政部门当年给申请建园的贫困户发放 15 万元扶贫资金，县农行扶持建园的 30 万元贷款资金也发放到户，供销部门组织的 1000 吨专用化肥、20 吨农药发放到村。此外，县苹果生产办还组织有关专家和全县 18 个乡镇技术员到杨凌、礼泉、扶风考察订购苗木，购买了 3 万亩的苗木。在政府多个方面的推动下，当年洛川全县栽植果树 130 多万株，新建果园 4.1 万亩，一年的新建面积等于新中国成立以来洛川苹果栽植面积的总和，全县果园面积达到创纪录的 8.22 万亩，使洛川农民从此结束了没有家庭果园的历史。当年，洛川县苹果总产量 1 万多吨。1987 年时，洛川苹果种植面积进一步扩大，新建苹果园 2.2 万亩，提前三年实现了 10 万亩的发展目标。到 1990 年底，全县果园面积累计达到 12.63 万亩，人均 0.8 亩；有 1.54 万户农户从事苹果生产，拥有家庭果园的有 1.3 万户，承包集体果园的有 0.24 万户，从事苹果生产的农户占到了全县总农户的 46%；苹果重点乡 3 个，面积 3.5 万余亩，人均 1.14 亩；苹果重点村 100 多个，面积 5.2 万亩，人均 1.3—1.5 亩；400 亩以上的连片果园 40 个，百亩以上的连片果园 200 多个。1990 年全县挂果面积达到 4.8 万亩，苹果总产 2.1 万吨，苹果产值由 1985 年的 625 万元增加到 2300 万元，农民人均纯苹果收入 156 元，占全县农民人均纯收入的 37%，1.5 万个苹果经营户人均纯收入达到 566 元。这说明，苹果产业在洛川农业产业结构中的主导地位已初步形成。

在这两年里，洛川的苹果产业能够实现大规模的发展，还有一个重要的原因就是政府对苹果种植技术指导的加强。在县政府的统一部署下，洛川县各乡镇成立了果树技术服务站，由一名副乡（镇）长专职负责，配备2—3名技术员。各行政村成立了苹果技术服务组，设立村级技术员，由村支部书记或村主任专管此项工作，由此形成了以县为中心、以乡镇为纽带、以村为基础、以户为对象的苹果技术服务体系。从1987年到20世纪90年代初期以来，洛川不断加强对苹果种植人才的培养。先后在土基、旧县两所高级中学设立了果树职业班，在14所初级中学开办了职教班，对初中毕业未能进入高中的学生进行一年制果树技术培训，年培训学员1000余人。先后有300余名专业技术骨干经过了系统的技术培训，其中，西北农业大学（现为西北农林科技大学）为洛川县代培一年制果树专业学员50名，省农校代培78名，延安农校代培20名，农业职业中专代培150名。这就为洛川苹果种植业的科学发展提供了坚实的专业人才保障，也形成了一个以苹果种植为主要内容的健全的职业教育体系。无论技术服务体系，还是职业教育体系，都深刻体现了中国共产党领导经济社会发展的显著制度优势。

此后，苹果生产大会战的号角在洛川吹响，响彻了整个洛川塬。经过20世纪90年代的发展，到2000年时苹果种植面积稳定保持在30万亩，产量从1991年的接近3万吨猛增到23万吨，苹果种植产业在洛川的发展中地位越来越重要。在这种情况下，洛川不再满足于20年前的发展目标，先后作出了苹果专业县、苹果产业强县、现代果业建设等决定，推动着苹果产业在进入21世纪后获得了新的飞跃发展。截至目前，洛川苹果种植面积达50多万亩，16.1万农民人均果园面积3.1亩，居全国第一。洛川成为全国唯一整县通过国家绿色食品（苹果）原材料生产基地认证的县。2016年，洛川全县苹果总产量突破 88 万吨，苹果总收入达到 40 亿元。2018 年"洛川苹果"品牌估值达到 72.88 亿元，2019 年"洛川苹果"以 500 亿元价值位居中国水果类农产品品牌价值榜首。一棵棵苹果树真正地成为了一棵棵"摇钱树"。

新中国成立 70 多年来，特别是改革开放 40 多年来，洛川人民围绕着苹果，在自力更生为主、争取外援为辅的精神引领下，采取国家、集体、个人一齐上，以户办家庭果园为主，大力发展苹果产业，走出了一条从发展创举到发展奇迹的不平凡道路，也走出了一条让延安精神熠熠生辉的不平凡道路。洛川苹果的发展带动着这个曾经是历史上著名的"饥饿县"通过市场机制不断走向全国、全世界。现在，洛川建设起了全国第一个国家级苹果批发市场、西部最大的农资城，是"中国·陕西洛川国际苹果节"的永久举办地。中国苹果看陕西，陕西苹果看延安，延安苹果看洛川，洛川苹果甲天下。2016 年，围

2020 年，洛川县交口河镇吉家河村裴金玉家果园喜迎丰收

绕打造世界一流苹果产业体系目标，国家农业部在洛川县启动了"洛川国家苹果产业科技创新中心"建设，探索我国苹果产业新的发展方向。正在建设的洛川国家苹果产业科技创新中心是农业部建设的一个国家级重点项目，该项目规划面积5000余亩，拟投资5亿元，按照世界一流标准打造世界苹果品种最全保存园、世界苹果新技术展示园，引领我国苹果产业转型升级，抢占世界苹果科技制高点。这个中心建成后，也将成为延安农业产业实践创新、协调、绿色、开放、共享的发展理念的新高地，对全国甚至全世界苹果产业的发展将产生更大的影响。

三、苹果带动了致富

作为一个名副其实的靠苹果立县、靠苹果发展的地方，洛川许多贫困户靠着苹果开始摆脱了贫困、走向了富裕。今年45岁的屈万平是洛川县原来的一个贫困户，他自小患有基因缺陷导致的先天性骨脆弱疾病（俗称脆骨病），身高不足一米。出行只能靠轮椅，稍有不慎就会骨折。苦难不仅降临到他的身上，还接二连三地降临到他的家庭。20世纪90年代初，他的大嫂难产去世，哥哥也患了精神分裂症，家庭的重担落在了屈万平一个人的身上，需要照顾患病的哥哥、弱智的大侄女、未出襁褓的小侄女和身体每况愈下的父母，是一个典型的因病致贫的贫困家庭和贫困户。为了支撑这个家，为了生存下去，屈万平什么都干过，养殖过蝎子、学习过各种技术，虽然都以失败告终，但他这种顽强不屈的精神感动了周围的许多人。2014年，一个偶然的机会，屈万平开始在网络上从事苹果销售的工作。这一年的12月6日，屈万平用微信销售苹果的第一笔订单成交了，这也意味着他的人生从此掀开了崭新的一页。有了第一笔订单，第二笔、第三笔订单接踵而来，靠着自己一点一滴的学习和诚信经营，订单越来越多。2015年8月，屈万平又做起了一个淘宝网店并正式营业。从2014年微信销售到2017年，通过网络销售洛川苹果18000笔，共2万箱20万斤。慢慢地，屈万平的想法越来越多，他不满足于仅仅销售苹果。在陕西富钾农资有限公司的帮助下，他建立起了"不二果有机化生产基地"，以现代化的农业技术带动果农进行绿色生产，集生产和销售于一体。2017年5月，他还用自己的名字注册了"屈万平"品牌洛川苹果，把对苹果的经营越做越大。确实如同习近平总书记所说的那样，"一人就业，全家脱贫，增加就业是最有效最直接的脱贫方式。"[①]2014年以来的几年里，屈万平一家的生活有了极大的改善，住上了楼房，有了自己的公司，日子过得一天比一天好，成了洛川县远近闻名的"明星脱贫户"。他自己也非常有感触地说："我能有今天的生活，是这个社会、这个时代赋予我的，如果没有党的好政策，没有社会各界对我的关心和帮助，我一个身体情况不好，又没有读过什么书的乡下人，不可能做出这么多的成绩来。"富裕起来的屈万平并没有关起门来享受自己的"独富"，而是想着怎么样带着更多的贫困户和自己一样富裕起来，实现"共富"。2017年9月20日，屈万平当选洛川县残疾人协会会长，担负起帮助更多残疾人脱贫的担子。这个协会有50余名残疾人，屈万平要帮他们开办网店、传授经验、联系果源、介绍客户，每天都忙得团团转。目前，已有20多名残疾人的微店开张。在国家提出建设"一带一路"战略倡议后，屈万平他们的抱负和志向也跟着在提高。屈万平说："现在，我有了更大的梦想，我们洛川苹果都走上了丝绸之路，我也得想办法，把苹果销到

---

① 《习近平关于社会主义建设论述摘编》，中央文献出版社2017年版，第75页。

国外去，带领更多残疾群众脱贫致富。"

　　类似屈万平这样的事迹还很多很多。延安市宝塔区柳林镇后孔家沟村的崔志海在依靠种植苹果发家致富后，深有体会地说："种苹果三十几年，我感觉这条路选对了，我们的生活从地下到天上了。村里的果园是省级示范园，连外国人都来参观，我们很自豪。"这是朴实的老百姓对中国改革开放道路发自内心的体会、感悟和认同，是对中国特色社会主义道路坚强信念的朴素表现。大自然是慷慨的，也是公允的。《道德经》中说："物或损之而益，或益之而损。"就是说，自然界总体上是平衡的，处于不利的时候总是有一些有利的东西。反之亦然。大自然让一些地方生产生活条件极其艰难，但同时也会赋予这些地方许多其他地方所不具备的优越性。这些优越性有一个被认识的过程，但一旦被认识并被充分利用起来后，就会成为滚滚的财富。

　　成功的道路往往会引起别人的关注和思考。洛川人民种植苹果开始富裕起来后，延安的其他地方也开始竞相仿效，大量种植苹果，到1992年时延安全市苹果种植面积突破100万亩，苹果产业在整个延安农业产业格局中开始在整体上实现了由小变大、由弱变强的转变。在这种情况下，延安市政府在1997年、2004年、2007年三次提出并不断推动实现苹果北扩战略，支持鼓励白于山区和黄河沿岸各县区发展山地苹果，引导市区其他地方，特别是北部的几个县大力调整农业产业结构，引导农民种植山地苹果，使其成为白于山区和黄河沿岸两大贫困带农民脱贫致富的摇钱树，推动延安进入了一个苹果大繁荣大发展的时期。特别是在2007年，延安市政府出台了《关于加快以苹果为主的绿色产业发展决定》，市级财政每年列支3000万元用于苹果产业开发，先后对新建苹果园给予每亩100元和每株苗木1元的补贴政策。县区根据实际也出台了一系列产业发展政策，从苗木、整地、肥料、地膜等基础设施方面给予补贴。这些政策措施的出台，极大地激发了贫困农民发展苹果产业的热情，促进了产业规模迅速发展壮大，进一步夯实了延安苹果产业扶贫大繁荣大发展的基础。

比如，富县现有苹果种植面积 37 万亩，都集中在海拔高、光照长、昼夜温差大的塬面上，苹果收入已经成为富县农民的第一大收入。富县面积最大的苹果产区集中在富县羊泉塬上，面积 8 万亩。延安宝塔区山地苹果种植面积也达到了 50 万亩。延安宝塔区的柳林镇后孔家沟村，从 1986 年开始种苹果，是宝塔区最早发展山地苹果的村子，在没有种苹果之前，这个村是典型的水电路"三不通"的贫困村和有名的"光棍村"。现在，全村 83 户 283 人，依靠种苹果过上了好日子，人均年收入 3 万多元，几乎家家有小汽车。宜川县苹果种植面积 30 万亩，2017 年时全县农民人均苹果收入达到 2.48 万元。而在享有"延安市苹果第一村"美誉的云岩镇辛户村，苹果种植面积达到 4700 亩，人均果业年收入突破 3 万元。延川县苹果种植面积达到 21 万亩，产量达到 8.6 万吨。志丹县苹果种植面积达到 28.8 万亩，挂果面积达到 11 万亩。黄陵县苹果种植面积达 20 万亩，年产量 23 万吨以上。随着苹果北扩战略的连续实施，延安"陕西省优质苹果生产基地县"2000 年为 5 个、2007 年为 8 个、2012 年为 11 个，到 2014 年时所有县区都成了"陕西省优质苹果生产基地县"，做到了全国唯一。2016 年 10 月，国际园艺学会主席罗德里克·德鲁在考察了延安宝塔区柳林镇的苹果产业后，啧啧称奇地说："延安在这样的地理条件下，能生产出这么好的苹果，令人十分震撼。"站在新的发展起点上，延安人民由衷地感到喜悦，这是一份骄人的成绩单。

让一颗颗的小苹果形成了一个大产业，苹果产业逐步壮大为延安农业第一大产业，面积、产量居全国地市之首，收入占到延安市农民可支配收入的 50% 左右，使许多贫困人口依托苹果种植走出了绝对贫困。始终保持锐意进取、永不懈怠的精神状态和敢闯敢干、一往无

洛川县果农采摘苹果

前的奋斗姿态是延安精神的重要内容。生活在延安这块锻造了延安精神土地上的延安人民不满足于已有的成绩，把苹果的梦想越做越大，他们心中有一个更大的发展目标：2020 年后，全市苹果种植面积将达到 400 万亩，产量达到 400 万吨以上，果业综合效益达到 400 亿元以上，果农人均苹果纯收入 1.5 万元以上，把延安苹果产业打造成"中国第一、世界名牌、效益一流"的大产业，巩固"果业强、果农富、果乡美"的发展格局，让世人景仰的革命圣地同时成为名副其实的世界苹果之都。

四、延安推动苹果种植的基本经验

在脱贫攻坚中，延安人民在推动形成特色致富产业过程中积累了丰富的经验，特别是在具有主导性的苹果产业发展方面，这种经验的呈现特别鲜明。

在"延安苹果扬天下"的今天，人们对于延安苹果的品质早已经是耳熟能详了，也司空见惯了。但是，回头去看，延安以苹果种植为主的产业形成并不是一件容易的事情，是长期艰苦探索和奋斗的结果，其中体现着延安人民身上的创新精神和为推动实现创新而具有的坚强毅力。回头去看来时的路，改革开放以来延安苹果产业的发展是一条充满探索的创新之路。这条道路有四个重要的支点：技术化、产业化、合作化和信息化。可以说，一部延安苹果产业发展史和振兴史，是这四个"化"逐步形成、不断发展和深入融合的历史。

技术化解决的是如何种得好的问题，就是推动用现代科学技术来种植苹果，提高苹果种植的质量和产业化的发展水平。习近平总书记在阐述科技创新对当代中国发展的重大战略意义时说："科技创新是提高社会生产力和综合国力的战略支撑，必须把科技创新摆在国家发展全局的核心位置，坚持走中国特色自主创新道路，敢于走别人没有走过的路，不断在攻坚克难中追求卓越，加快向创新驱动发展转变。"[①]这一认识充分表明，把发展的动力转变到创新上来，建立起推动发展的新动能，已经成为实现可持续发展的决定性因素。延安苹果种植的发展壮大和持续繁荣也充分证实了这一点。

自从延安决定大规模地发展苹果产业以来，就一直强调苹果种植的技术创新和对果农技术培训的重要性，形成了苹果种植面积扩大和对苹果技术创新、对果农技术培训同时抓的发展特点。

洛川国家苹果产业科技创新中心是洛川县国家现代农业产业园的重要组成部分，也是整个产业园区的"科技发动机"，主要从事有关洛川苹果栽培模式、栽培技术、新品种研发和实验等工作。中心成立以后，先后开展了免套袋、杂交育种、重茬栽培等技术试验研究20多项，完成收集苹果新品种、品系、砧木、野生资源共900份，并在部分领域已经取得可观的科研成绩。在新品种选育方面，培育出秦脆、秦蜜等5个苹果新品种，优化了洛川苹果品种，对洛川苹果单一

---

① 《习近平关于科技创新论述摘编》，中央文献出版社2016年版，第25—26页。

的晚熟结构调整打下良好基础。此外，在种植处理技术、智能水肥一体化技术、果树病虫害防治、苹果残次果的加工等方面都取得了重要的技术创新，使得苹果种植发展到哪一步，苹果产业的技术创新就跟进到哪一步。苹果产业的技术创新引领到哪一步，苹果种植就跟着提高到哪一步，围绕苹果种植，把产业链和创新链紧紧结合在一起。

在依靠技术中心加强苹果产业科技创新的同时，洛川也不断加强对果农的技术培训。在近些年来从事对果农技术培训的人员中涌现出许多出色的代表，屈军涛就是其中的一个。2009年初，屈军涛调至洛川县苹果生产技术开发办公室。在此后3年的时间里，他一个人就先后开展过多种形式的培训230多场次，乡级培训150多场次，县级培训50多场次，举办电视科技讲座30场次。果园田间地头、村里的会议室，处处都是他培训的场地，不论白天还是傍晚，时时都有他忙碌的身影。他还应邀赴其他苹果基地县组织技术培训20多场次，培训人次达9万以上。长期以来对果农的技术培训，也造就出了一些果农们利用所掌握的科技勇于创新的闯劲和干劲。早在1999年，宜川县云岩镇辛户村的张延刚为了提升苹果品质，就利用自己掌握的苹果种植技术对自家高产果园实施了一个"大手术"。在村民的一片质疑声中，他对果树进行隔行间伐，逐渐将每亩苹果株数由50多株间伐到14株，可是苹果产量不降反增，优果率由间伐前的60%提高到92%，产值更是翻了一番。在他的带领下，自此隔行间伐很快就成了当地果农栽培苹果树的基本规范。

洛川县石头镇武郊的张世泰，他家的果园不管从产量和质量上都是石头镇出了名的好。刚开始经营果园的时候，由于缺少技术，果园产量和质量提不上来，但经过不断地学习以及参加政府部门的培训，在有机肥的制作和使用上形成了自己的一技之长，走出了一条自己的务果之路。有机肥是果园优质高效的关键。从2006年开始，张世泰坚持购买鸡粪、羊粪等农家肥，并添加微生物菌剂进行充分的发酵腐熟，同时重视中微量元素的合理搭配使用，每年在苹果采收前后施足基肥，每年秋季施基肥时对果园进行一次深耕或旋耕并种植绿肥（按：绿肥属于生物肥源，是一种绿色植物体制成的肥料），使自己家的土地肥力一直保持在良好状态。2015 年，他又率先进行水肥一体化技术应用，在果园安装滴灌设施。在张世泰看来，种果园就跟养孩子一样，只要你舍得投资，给他们营造一个良好的生长环境，不断地提高自己的种植水平，果园也会给你不一样的回报。优果优价是硬道理，只有付出才会有回报。他家有果园 40 亩，其中挂果园 14 亩，2019 年时总投资 66520 元，其中肥料 32800 元、农药 4160 元、果袋 5800 元，劳力投入方面：套袋 11600 元、摘袋 5600 元、采果 5600 元、反光膜 960 元；果品总产量 56840 斤，总收入 206057 元，亩纯收入 1 万元。正是靠着对有机肥技术的掌握，不管市场如何变幻，张世泰种的苹果一直都能卖出好价钱。

家住延长县安沟镇瓦庄村的果农李玉祥经过 10 多年的摸索，也形成了自己的一套科学管理方法。李玉祥的方法主要就是：要剪好果子，老枝上剪不行，主要在新枝上剪。打药必须掌握季节气候，每一个地方物候季① 都不一样，这个村子和那个村子要差一个礼拜，差半个月都有可能，季节过去以后你防不好，套袋前打药不好，就要出现毛病，黑点或红点肯定要多，再一个补钙补不到，果子硬度达不到，红度硬度上肯定要出现问题。就是靠着这套技术，李玉祥成了延长县的"苹果状元"。陈志强是延长县交口镇下乃木村的一个果农，是在延长县推广苹果不套袋这一新技术的第一人。延安农民在刚开始种苹

---

① "物候季"是指植物在一年的生长中，随着气候的季节性变化而发生萌芽、抽枝、展叶、开花、结果及落叶、休眠等规律性变化的自然现象。

苹果分拣装箱

果的时候，苹果是不套袋的，后来从国外学会了套袋技术。其实，套袋就是为了解决果实的外观品质，也就是让苹果看起来更加美观。但随着消费者经济水平的提高，人们开始追求苹果的原汁原味了。所以，不套袋又成了一个新趋势，但是不套袋是需要一些配套技术来跟进的。主要有：一是在建苹果园的时候，要采取高纺锤形的宽行密植的栽培。因为这种树形是一个高光效的树形，能够满足果实对光照的要求，颜色才会更加漂亮美观。二是要建立防护网，建防护网可以起到防虫、防冰雹，减少外界对果实表面的损伤。三是减少农药的使用问题。为此要挂粘虫板，挂一些频振式的杀虫灯，多用一些生物的农药，减少农药对果面的污染。陈志强在应用了这一技术后说，使用这项技术，劳动强度降了，但苹果品质却提升了，苹果不套袋，反而多赚钱。此外，在技术专家的指导下，果农们还不断培养新的苹果品种。目前，在延安果树试验站中保存苹果特色资源300余份、杂交后代10000余个，展示新品种100余个，选育新品种6个，这标志着延安已经形成了整套自主性苹果生产技术，使苹果品种不断优化，为延安果业的持续发展注入了强大发展动力。

产业化解决的是如何卖得好的问题，就是要在一定的技术支撑下实现集种植、选果、冷藏、提升附加值、销售于一体的公司化经营模式，从而减少农民个体在直接面对市场时的压力和风险。由此，人们可以看到，在延安苹果种植不断发展过程中，兴起了一批著名的苹果经营公司。洛川美域高生物科技有限责任公司是 2010 年 12 月成立的，是一家融苹果标准化种植、农资技术服务、鲜果销售、苹果深加工为一体的苹果全产业链企业，公司注册资本 1 亿元，员工 190 多人。公司建设有 2 万吨气调冷库，拥有世界先进水平的苹果分选线，在苹果产业后整理方面，分别从分选加工、存储分类、冷链运输三个环节实现新鲜、高品质的要求，确保为市场提供新鲜的高品质苹果。公司还建有苹果醋、苹果酒加工厂。建有标准化苹果基地 5000 亩，全程技术托管果园 6 万亩，在上海、北京、广州、深圳、南京、西安等城市创建了美域高苹果品牌店 25 家，与国内多家知名电商、超市、水果连锁店合作，并出口多个国家。富县绿平果业有限责任公司也非常有

洛川县美域高生物科技有限责任公司通过 4.0 选果线分拣苹果

代表性。这个公司成立于 2006 年，注册资本 6500 万元，是集现代农业开发、农产品生产、加工、进出口销售于一体的综合型企业，现有各类员工 87 人，季节性用工达到 650 人，目前已于北京、西安、商洛、延安等地建成苹果专卖店 15 个，在北京、上海、广州、深圳等城市批发市场建有档口 8 个。2018 年底公司资产总额达 6833 万元，销售收入 6176 万元，累计出口创汇 7600 余万元。产业化的经营为苹果种植提供了重要的技术支持和市场保障。

在苹果产业化发展过程中，政府支持起着非常重要的作用。近些年来，延安市政府提供了上亿元财政资金，支持相关企业购置智能选果线，建设冷库和直销店。如今，延安各县区已建成 56 条智能选果线，建成冷气库 12 座，冷储能力达到 102 万吨，在全国 55 个大中城市设立直销店 331 家。黄陵县桥山街道办的青和果业农民专业合作社就有 11 座储藏能力达 7000 吨的冷库，1 条智能选果线，在福州、西安、黄陵有三个直营店。根据理事长张卫青的说法，这些硬件搭起了苹果产业的全链条，特别是新引进的智能选果线开辟了以优果优价挺进高端市场的新时代。河南果商邓建厂这几年来一直在黄陵收购苹果。2019 年，邓建厂把陆续收购的 100 多万公斤苹果，全部储藏在青和果业的冷库里，市场需要什么规格的果子，他就在青和果业的智能选果线上进行清洗、抛光、分级精选包装，品相和品级明显提升，让他的苹果在浙江很快占领了市场。2020 年，延安苹果产业进一步发展的目标是通过加大政策扶持力度，吸引省内外重点龙头企业来延安投资发展，以合资合作、兼并重组、股份改革等方式壮大龙头企业规模和实力，重点扶持年经营收入 5000 万元以上果业企业 10 家，支持引导洛川美域高、延安中果等企业挂牌上市，增强果业企业经营能力。在此基础上，新创建和认定国家级果业产业化龙头企业 3 家、省级果业龙头企业 10 家、市级果业龙头企业 30 家以上。这一发展目标的实现进一步提高了延安苹果产业化的规模。

合作化解决的是如何把果农组织起来的问题。延安在历史上一直有着合作化的优良传统。改革开放后，农民拥有了对土地的自主经营权，这既调动了农民农业生产的积极性，也为农民在新的条件下探索专业合作化提供了新的基础。进入 21 世纪后，我国加快探索农村土地经营权的流转制度，提出："按照依法自愿有偿原则，允许农民以转包、出租、互换、转让、股份合作等形式流转土地承包经营权，发展多种形式的适度规模经营。有条件的地方可以发展专业大户、家庭农场、农民专业合作社等规模经营主体。"①这是自实行土地家庭联产承包经营制以来中国农村土地制度的一次重大变革和创新，对农村经济和社会发展有着重要影响，也为延安苹果产业的合作化提供了重要的条件。

目前，延安苹果产业中的专业合作化以"果农＋基地＋合作社"的模式为主，主要是吸收果农自愿参加和加强合作社，把参加合作社农民的果地建设成为苹果基地，通过专业化和技术化来发展基地苹果的种植和经营，通过这种方式来提高农户种植效益和销售组织化程度，从而增强了抵御市场风险的能力，使苹果产业持续健康发展。2010 年 9 月 3 日，"洛川红"延洛苹果专业合作社成立。两年以后，就开始进军国内大城市的市场。这个合作社现有社员 192 人，建设有洛川板胡村和甘杰村两个基地，年销售苹果 500 万斤，充分显示出专业合作社的组织力量在现代市场经济竞争中的重要作用。目前，洛川全县合作社有 546 个，实现了对果农的全覆盖，果农人均种植苹果 3.1 亩，人均苹果纯收入超过 1 万元，表明团结和组织起来的果农们越来越具有强劲的脱贫致富的能量和干劲。政府在逐步加强对专业合作社推动和引领的过程中，把加大农民专业合作社、家庭农场、专

---

① 《十七大以来重要文献选编》（上），中央文献出版社 2009 年版，第 675 页。

业大户等新型经营主体培育力度作为延安苹果产业发展的一个重要内容。20 多年来，在苹果产业发展的过程中，苹果专业合作社也跟着飞快发展，并扩大到其他农产品的产业发展中，充分呈现出产业发展背后组织创新的支撑性力量。

信息化解决的是如何让苹果卖得快的问题。近十年来，中国消费的信息化飞速发展，以移动端为主的网络消费已经成为中国消费者生活中司空见惯的行为方式，许多基于网络快捷支付手段的销售平台和物流企业如同雨后春笋般地发展了起来，飞入寻常百姓家，这也为延安果业的销售信息化提供了重要的条件。在强大网络销售平台的推动下，延安的苹果像插上了翅膀一样飞向全国的消费者。延安果业的网络销售，主要有两种比较常见的方式：

一种方式是与国内著名的电商平台签约合作来开展销售。比如，黄陵县阿党镇苹果专业合作社与京东的合作就属于这种方式。2019年 5 月，黄陵县阿党镇苹果专业合作社与北京京东集团乾石科技有限公司达成协议，在阿党镇唐呼村区域建设 200 亩京东生态农业基地，发展智慧果园，通过互联网宣传销售延安苹果。该基地成为全国首家"京东苹果农场"。基地按照京东农场全程可视化溯源和高标准苹果生产管理要求，依托京东物联网、区块链、人工智能等科技手段，着力打造"智慧农业物联网＋大数据平台"产业示范应用基地。通过"公司＋合作社＋农户＋电子商务"的果业供销服务体系新模式，以合作社果库为载体，以合作社果农为基础，由公司利用产业扶贫资金购置 4.0 选果线、投资资金收购合作社社员的苹果。通过统一收购、统一分选，包装成"延安苹果＋桥山红苹果"统一销售，实现苹果销售效益最大化。合作三方按 6：3：1 进行利益分配，利润 60% 归公司，30% 归社员，10% 归合作社。同时，对合作社辖区的贫困户及低收入户实行免费分选、免费储藏、优先销售，实现公司、合作社、果农的三赢。2019年10月下旬，京东农场举行了"网红＋直播"活动，开展"双线上"销售，当天下单2018单，销售苹果12108斤，价值11万元以上，通过"网红＋直播"这种新兴的销售模式，极大地拓展了延安苹果的市场网络空间。京东农场在延安的实践，为阿党全镇苹果产业转型升级和果农增收插上了腾飞的翅膀，也为延安苹果的现代化营销提供了借鉴。

另一种方式是果农或个体销售者自己通过网络平台，以特有方式吸引消费者实现网络销售的目标。延安市宝塔区河庄坪镇万庄村民张碧珍，2017年时辞去在外地干了4年的工作，回村创业卖苹果。回到家乡后，她通过微信平台，利用自己在外地工作和生活中的人脉，以"陕北女娃娃"网名在线上卖苹果，把自己家的特产苹果通过照片、短视频发到朋友圈，没过几天，她的朋友圈火了，电话也火了，来自广州、浙江、福建、江苏、重庆、成都等地同自己一块工作的同事纷纷来电购买。张碧珍没有着急卖，而是给他们分别邮寄了样品让他们品尝，品尝后的消费者们被延安苹果的品质所打动，要买苹果的人越来越多。一传十、十传百，26岁的"陕北女娃娃"成了远近闻名的"苹果网红"。从2019年国庆节开始，仅仅20多天，她将自己家的7000多斤苹果一销而空，收入达10万余元。她在总结自己网络销售的经验时概括了三个方面：首先，苹果能不能卖出好价钱，取决于苹果的质量，这是关键。其次，服务要到位，对每一个顾客的疑问都要耐心地讲解。在网上看到顾客签收订单后，我会在第一时间和顾客取得联系，询问他们苹果质量怎样。如果有磕碰、受损的情况，我会重新再给顾客补发一箱。最后，要积累销售经验。她说，"我的苹果卖得好、卖得快，离不开这两年积攒的网络销售经验"。打开张碧珍的电商平台页面，页面的图片中，有一个手捧着诱人的苹果、脸蛋红扑扑、面带笑容的农妇，这是张碧珍的奶奶。张碧珍网店里的精品苹果都是她的爷爷奶奶种植出来的，由她和妹妹负责销售。张碧珍总是给有意向购买苹果的顾客邮寄少量苹果，让顾客先品尝，再通过顾客向周边人群宣传，扩大影响力，留住回头客。概括起来说就是，质量赢得市场，信誉赢得消费，热情留住顾客。

洛川县旧县镇洛阳村果农张永亮，给自己设定的网名是"洛川苹果大叔"。从 2012 年开始，他率先在淘宝开店，一边种苹果一边卖苹果，先后通过淘宝、QQ 空间、微信等自媒体平台，使苹果销售量不断增大。2018 年 12 月，张永亮开始接触抖音，他听说在上面卖产品效果很好，于是便萌生了去抖音卖自家苹果的想法，并先后在抖音、快手、火山小视频等短视频平台注册了个人账号。通过不断摸索，挖掘洛川苹果的自然资源、品质特色、生产标准等优势，先后制作了 700 多条抖音视频，这些视频大多是他与妻子在苹果园劳作的情景，以及果园种植管理过程。其中一条置顶的短视频播放量达到 900 多万次，获得 12 万多个赞，9000 余条评论和 1.5 万次转发。靠着这些视频，"苹果大叔"收获了 2 万多粉丝，成为当地知名的"网红"。凭借自身流量，张永亮和三位朋友组建了销售小团队"洛川网络达人"，他负责宣传和销售，其他人分别负责收购、发货、外联等。2019 年，他的团队销售早中熟苹果 11 万斤，晚熟苹果 5 万多斤，入库贮藏苹果 35 万斤。团队通过抖音、快手、淘宝、拼多多等网络销售平台，每斤苹果卖到了 6—7 元，较市场均价每斤高出 3—4.5 元。网络销售不仅自己挣到了钱，也带动了身边的果农增收。2019 年他们收购了 15 户果农的 30 多万斤苹果，每斤较市场收购价高出 0.2 元以上，带动果农增收 6 万多元。

看着手机、坐在电脑前就能卖苹果，以前果农们想都不敢想的场景，现在却成了延安"苹果圈"再正常不过的情形。据统计，延安目前有电商企业 262 家，开设各类网店、微店 1.4 万多家。2018 年线上销售苹果 9.58 万吨，较 2017 年增加 6.81 万吨。销售的信息化和网络化极大地把果农们从销售市场的盲目性中解放了出来，使果农们能够确立起足够的市场信心，并通过对市场销售的预期来有计划地安排自己的生产，这反过来又大大提高了果农们从事苹果种植生产的积极性和劳动热情。

第三节　文化资源也能致富

在中国，黄土高原既是一种奇特的地理地貌，也是一片重要独特的文化资源区域。生活在这片土地上的人们长期以来形成自己理解生活、社会和世界以及表现自己情感和追求的独特方式，经过历史的积淀，形成了一种特色的区域化文化形态。在当代社会，文化不仅仅是可以用来让人们欣赏的，而且能够产生经济上的效益，形成了支撑摆脱贫困和走向富裕的独特产业。在延安的脱贫过程中，就充分挖掘了这种文化资源，形成了明显的发展效果。

一、剪纸

剪纸过去主要是陕北人在自家窑洞的窗户上或家中摆设上贴的一种装饰，有人物、动物、景色、历史场景、喜庆的场面或文字等各种各样的图案。"一把剪子一张纸，铰出人生万象事"，反映出陕北人独特的文化性格。在市场经济的环境中，剪纸不仅是一种艺术装饰，而且也能成为致富的文化产业。这在延安的安塞区①特别典型。延安

---

① 2016 年 6 月延安市安塞县撤县设区，改为延安市安塞区。

安塞剪纸

的安塞区是一块散发着民间艺术芳香的沃土，是中国著名的"腰鼓之乡""剪纸之乡""民歌之乡""农民画之乡"和"曲艺之乡"。这里的人相信，利用这五张名片，依托这片文化沃土，凭着自己的勤劳，一定能过上幸福生活。

陈莲莲是一名安塞的知名剪纸艺人，靠着一双巧手剪出来的艺术纸品很快就发家致富了。但在陈莲莲看来，"虽然自己小有成就，但总想这么好的手艺应该让更多的人学会、传承"。因此，她就萌生了把人们组织起来，开一个剪纸生活馆，和大家一起设计，一起剪，一起卖，通过剪纸带领大家一起致富的想法。因此，陈莲莲就主动、免费地对一些贫困户进行培训，让他们也有一技之长。陈莲莲对贫困户说："大家看，只要你好好练，每一个都会练成巧手。只要你是贫困户，只要你想学，就来找我，我免费培训。"在安塞，陈莲莲的剪纸家喻户晓。为了让剪纸被更多的人喜爱，她在传统剪纸的基础上设计出新作品，逐步把剪纸融入家装设计中，让剪纸成为家装的沙发背景框的文化元素，成为家装的一种全新理念，融入人的生活必需品当中，让民间的剪纸艺术转换为商品进行销售，也让剪纸这门手艺成为越来越多的人增收致富的手段。

剪纸小作坊

在优势文化资源的基础上，安塞区大力实施"文旅兴业"发展战略，积极推进全域旅游，推进"文化＋农业""文化＋旅游"，实现文化、农业和旅游的深度融合，借助文化资源优势走出一条脱贫致富新路。仅 2018 年前 10 个月中，安塞区就累计接待游客 206.6 万人次，同比增长 154.6%；实现旅游综合收入 10.06 亿元，同比增长 301.5%；直接带动贫困群众 350 人，年人均增收达 4.2 万元以上，间接带动贫困群众 2420 余人，年人均增收 8200 元以上。

二、安塞腰鼓

在安塞的文化扶贫中，腰鼓是一个非常重要的内容。安塞腰鼓是一种民间的舞蹈艺术，与陕北独特的自然景观和人的气质浑然一体，加上安塞是历史上著名的军事重镇，因此又融入了战争的艺术元素，对人有着强烈的震撼力。1986 年 10 月 3 日，《人民日报》发表了刘成章写作的一篇散文，题目就是《安塞腰鼓》，这篇散文后来编入了中学语文教材，生动形象地表达了安塞腰鼓的壮美：

一群茂腾腾的后生。

他们的身后是一片高粱地。他们朴实得就像那片高粱。

咝溜溜的南风吹动了高粱叶子，也吹动了他们的衣衫。

他们的神情沉稳而安静。紧贴在他们身体一侧的腰鼓，呆呆的，似乎从来不曾响过。

但是：

看！——

一捶起来就发狠了，忘情了，没命了！百十个斜背响鼓的后生，如百十块被强震不断击起的石头，狂舞在你的面前。骤雨一样，是急促的鼓点；旋风一样，是飞扬的流苏；乱蛙一样，是蹦跳的脚步；火花一样，是闪射的瞳仁；斗虎一样，是强健的风姿。黄土高原上，爆出一场多么壮阔、多么豪放、多么火烈的舞蹈哇——安塞腰鼓！

安塞腰鼓这个历史上传承下来的艺术形式在新的条件下成了安塞推行文化旅游和推动农民增收脱贫的一个重要法宝。许多贫困户在经过培训后成为腰鼓手，成为安塞文化劳动力的一员，并且涌现出了像安塞冯家营这样的"千人腰鼓文化村"，通过在各种旅游文化项目中表演腰鼓实现创收和增收。安塞县还成立了一个"励志腰鼓艺术团"，目前已吸纳贫困群众超过 80 名。通过商演，艺术团多个成员前往外地演出，每月收入 4000 元左右。作为全国文化先进县，安塞以文化发展繁荣为抓手，将地域特色与脱贫致富深度结合，走出了一条极具县域特色的文化扶贫之路。从 2017 年至今，安塞区累计输出文艺劳动人才 15000 余人次，文艺人才劳务输出年收入 500 万元以上。完成了 50 个贫困村 5323 人脱贫退出，实现全区贫困人口和贫困村整体脱贫。

在延安的其他地方，文化产业也不断发展。比如，延川县积极打造了黄河乾坤湾、黄河漂流、文安驿文化产业园区、红枣采摘园等景

安塞腰鼓表演

延川县文安驿文化产业园一角

区，旅游收入占到当地农民收入的 80% 以上。宜川县打造了黄河壶口文化景区，黄陵县以原生态 3A 级自然景区和黄帝陵人文景区为基础，发展以古镇古村为载体的乡村旅游，黄龙县"田园县城、美丽乡村"发展战略的实施，挖掘打造旅游文化产品，提供吃、住、游、购、娱一条龙服务。曾经面朝黄土背朝天的延安农民们终于直起了腰杆，鼓足了精神，以主人的热情和高度的文化创造力迎接着来自四面八方的朋友，以鲜活生动的实践形式验证着扶贫先扶智这一重要论断的科学性和真理性。

第三章

再苦不能苦娃娃

中华民族是一个高度重视教育和有着悠久教育传承的民族。古代儒家典籍《礼记·学记》上说："建国君民，教学为先。"就是说执政者要把对人民的教育放在首位来抓好，要重视国家的教育事业。还说："古人生子，能食能言而教之。"就是说，一个人要是有了孩子，在孩子自己能吃饭、能说话的时候他就要开始对孩子的教育，不然就来不及了。还说："不教而杀谓之虐。"就是说，如果不对人进行教育，等他犯了错误再去惩罚他的话，就属于暴虐杀人。这也是说教育的重要性。在5000多年的文明史上，中国人始终相信教育可以塑造人，能够培养人。正是由于对教育的重视，中国成为世界上的教育大国、礼仪之邦，把"再苦不能苦娃娃"作为一种理念不断传承下去，推动着中国教育事业不断发展，取得历史性成就，迎来了从教育大国向教育强国的伟大飞跃。

第一节　阻断贫困代际传递的客观要求

新中国成立70多年来，中国在发展中始终把教育放在国家建设和发展的首要战略位置，孜孜不倦地追求和不断推动实现着中华民族的教育梦想，使中国的教育面貌发生了翻天覆地的历史性变化，建成了当今世界上规模最大的教育体系，为充分发挥教育在脱贫攻坚中的重要作用，在根本上阻断贫困代际传递提供了重要的条件和保障。

一、教育扶贫是脱贫攻坚的重要内容

新中国成立初期，全国有 4.5 亿人口，80％以上是文盲，学龄儿童入学率只有 20％，1949 年全国接受高等教育的在校生也只有 11.7 万人。到了现在，各级各类学校有 51.9 万所，各级各类教育在校生 2.76 亿人，各级各类专任教师 1670 多万人。九年制义务教育已全面普及。2018 年，小学学龄儿童净入学率达到 99.95％，学前教育毛入园率达到 81.7％，高中阶段毛入学率达到 88.8％，高等教育毛入学率达到 48.1％，各级教育普及程度均达到或超过中高收入国家平均水平。通过大力发展教育事业，中国极大地提高了国民的思想文化素质。新中国成立 70 多年来特别是改革开放以来，教育为国家培养了 2.7 亿接受过高等教育和职业教育的各类人才，在中国新增劳动力中有 48.2％的人接受过高等教育，平均受教育年限达到了 13.6 年，为中华民族的伟大复兴提供了强大的智力支持和人才保障[①]。

中国特色社会主义进入新时代后，国家在已有教育规模的基础上更是把不断满足人民群众对美好教育的新需求新期待作为党和政府执政的重要目标，着力在根本上解决教育发展中还存在的不平衡不充分问题，在根本上解决制约贫困地区和贫困人口走向富裕生活的教育问

---

① 陈宝生：《国之大计　党之大计——新中国教育事业的历史成就与现实使命》，《人民日报》2019 年 9 月 10 日。

题，既使教育成为脱贫攻坚的重要内容，又使教育成为走向富裕的强大推动力量。

脱贫攻坚战开展以来，中国共产党把贫困人口子女的教育作为整个脱贫致富战略布局中的重大问题来抓，提出"发展教育脱贫一批"的重要战略。习近平总书记指出："让贫困地区的孩子们接受良好教育，是扶贫开发的重要任务，也是阻断贫困代际传递的重要途径。"[①]要在扶贫过程中实现贫困地区的教育发展这一目标，必须要紧紧扭住教育这个脱贫致富的根本之策，再穷不能穷教育，再苦不能苦孩子，务必把教育搞好，确保贫困家庭的孩子也能受到良好的教育，不要让孩子们输在起跑线上。也只有让贫困群众的孩子受到良好的教育，才能在根本上阻断贫困的代际传递，否则，即便是一时富裕了起来，也会守不住富裕而重新返贫。

把教育扶贫作为脱贫攻坚的重要内容，充分表明中国的脱贫不仅是着眼于当前存在的贫困人口，而且是着眼于通过教育在根本上阻断贫困的代际传播，为实现让每一个孩子都对自己有信心、对未来有希望奠定可持续发展的坚实基础。这是一个雄心壮志，也是一个伟大的抱负和崇高的使命。

二、延安教育的历史基础

从贫困人口的发展期望来看，子女的教育是他们最为关注的一个问题。让自己的孩子有学上、上好学，是贫困人口心里强烈的呼唤，甚至比物质生活上的改善要求还要强烈，这也符合中国人的文化心理和价值追求。只要子女有个盼头，他们就有了盼头，哪怕是生活一时

---

① 《十八大以来重要文献选编》(中)，中央文献出版社 2016 年版，第 720—721 页。

改善不了，他们的心理也是能够承受的，能够在对贫困的忍耐中充满着对未来的信心。因此，贫困地区的群众自己在总结走出贫困的标准时说，走出贫困要坚持"三看"："一看房，二看粮，三看有没有读书郎。"这里的第三看，讲的就是子女的教育问题。从朱子所说"子孙虽愚，经书不可不读"到"三看有没有读书郎"，既反映出中华民族在教育上的历史传承，又生动说明了教育在脱贫攻坚中的重要性，这既关系到贫困人口及其子女之长远发展，又关系到贫困地区最终能不能实现可持续的创新发展。

从历史上来看，延安有着非常重视教育的优良传统和"人穷志不穷"的可贵志气，在这里也曾经走出过许多有影响的历史名人、文化名人，奋斗在中国的各条战线上。一代代延安人为了娃娃[①] 能够有学上，省吃节用，甚至是砸锅卖铁，拼命地供孩子读书。只要家里有读书郎，一家人就觉得有希望，有出路。但是，在相当长的时期里，延安的教育基础却非常薄弱。

陶正是 20 世纪 70 年代在延安市延川县关庄一个小学教学的一位知青教师，他在回忆当时他所在的延安一所学校教育时是这样描述的："小学只有 40 来个学生，只我一个老师。40∶1，似乎也说得过去。可是，40 多个学生，却分为四个年级。还不算那些撒尿和泥的娃娃组成的学前班。一、二、三、五，只空个四年级。因为有一年还没有招生。刚刚正式开课，我就深深体会到了五马分尸的刑罚是何等残酷了。我走进一、二年级和学前班的大窑洞。一年级写生字，学前班也学着写。二年级做算术。左半块黑板写字样，右半块黑板出算术题。然后，急匆匆旋进三、五年级的大窑洞。"[②] 这生动地说明了改革开放

---

① 陕北人习惯上把还没有成年的孩子叫作"娃娃"，在陕北的方言系统中这是一个非常具有亲切感的称呼。

② 刘景堂编：《延川文典：北京知青卷》，陕西人民出版社 2015 年版，第 7 页。

前延安教育的艰难状况。就是在这样一种落后的教育环境中，一代代延安人在苦苦地挣扎着、奋斗着。

改革开放后，随着发展条件的逐步改善，在延安一代代教育人的艰辛付出和努力下，延安的教育取得了重要的成就。特别是在"十二五"（2010—2015年）期间，延安把教育放在优先的突出地位，从2010年至2014年，全市累计投入教育经费255.2亿元，年均财政性教育经费超过50亿元，均超过当年GDP的4%，义务教育"两免一补"①投入资金12.87亿元，受益学生106.16万人次，全面实现了城乡免费义务教育。特别重要的是，这一段时间里，吴起、志丹、黄陵三县为实现免费高中教育和学前三年免费教育投入3.05亿元，资助贫困生14.89万人次；落实中小学生营养改善计划资金2.69亿元，受益学生30.24万人次。也是在这段时间里，延安全市累计投入52.8亿元，用于新建改扩建中小学、幼儿园314所，总建筑面积130万平方米。各级各类学校固定资产总值达到50.9亿元，净增17.6亿元；学校占地面积增加到890.9万平方米，净增89.7万平方米；校舍建筑面积增加到381.9万平方米，净增22.8万平方米，中小学硬件建设位居全省前列。在教育事业整体上不断发展的同时，延安的教育还存在一些深层次的矛盾和问题，主要有：一是市、县城区教育资源短缺，大班额和"择校热"现象仍然存在，义务教育学校免试就近入学压力较大。二是教育教学质量不高，特别是普通高中教育质量在全省仍处于后进位次。三是学前教育发展滞后。公办幼儿园占比低，民办幼儿园办园条件差，公办幼儿园教师缺编严重，幼儿教师专业化水平低。四是中等职业教育发展缓慢。中等职业教育规模小、办学层次和师资

---

① 指国家向农村义务教育阶段（小学和初中）的贫困家庭学生免费提供教科书、免除杂费，并给寄宿生补助一定生活费的教育资助政策，简称"两免一补"。

水平低，与经济社会发展需求结合不紧密。五是教师队伍建设总体滞后，教师队伍结构不合理，教师流失现象比较突出。除此之外，教育的均衡性发展，特别是城乡教育的均衡仍然是制约延安教育发展的一个重要瓶颈问题，特别是制约贫困地区教育发展的一个重要瓶颈问题。在延安的贫困地方，长期以来由于落后条件的制约，教育设施落后和教育体系不健全，办学水平不高，师资流失严重，严重地制约着生长和生活在这里的孩子的出路和前途。

党的十八大以来，延安市以习近平总书记关于教育的重要论述为指导，坚持以延安精神办学育人，全面强化政府办学责任，认真落实教育优先发展战略，补短板，促公平，使延安的整体教育质量有了很大的提升。

第二节　脱贫攻坚中延安教育面貌的历史性变化

新时代延安脱贫攻坚战打响后，延安人民本着再苦不能苦娃娃的理念，决定要把延安的教育发展到新的水平，这是老区人民群众的期盼，更是贫困人口的期望。教育搞不上去，其他方面的工作搞上去，最终也没有根本的意义，不具有可持续性。具体问题的解决离不开整体问题的解决，没有了整体也就没有了具体。因此，延安在脱贫攻坚推动教育发展过程中，紧扣"贫困户无义务教育阶段辍学学生"，实现了"校校有帮扶、人人有学上、家家有希望"目标，通过脱贫攻坚把延安的教育水平和质量提高到一个新的阶段和新的水平。

一、延安教育整体发展水平的提高

2016 年，延安制订了"十三五"教育事业发展规划，提出了一个宏伟的教育目标："到 2020 年，在全省率先实现城乡教育一体化，基本实现教育现代化，基本形成学习型社会，整体教育质量达到全省中等以上水平，教育综合竞争力位居全省前列，建成陕西教育强市和人力资源强市。"为了实现这一目标，延安主要采取的措施：一是加大教育经费投入。到 2020 年，财政性教育经费占全市地区生产总值的 4.5% 以上。二是推进学校标准化建设。到 2020 年，完成中小学、幼儿园标准化建设，新建、改扩建幼儿园 76 所、小学 58 所、初中 22 所、高中 10 所、职中 4 所、特教学校 3 所。三是提高教育普及程度和发展水平。2016 年实现十五年免费教育。到 2018 年，全市所有县区实现"双高双普"① 和国家义务教育发展基本均衡目标。到 2020 年，学前三年毛入园率达到 98% 以上；小学、初中净入学率分别达到 99.9% 以上，义务教育巩固率达到 99.9% 以上；高中阶段教育毛入学率达到 98% 以上；残疾儿童入学率达 90% 以上；普通高中和中职学校在校生规模大致相当；高等教育毛入学率达到 40%；建成灵活开放的终身教育体系，主要劳动年龄人口平均受教育年限达到 13 年，新增劳动力平均受教育年限达到 15 年。四是加强教师队伍建设。到 2020 年，基本实现幼儿教师专业化，专科以上学历达到 100%；小学教师专科以上学历达到 100%，新进教师全部达到本科学历；初中教师本科以上学历达到 100%；职业中学教师本科以上学历达到 100%；

---

① "双高双普"是《国家中长期教育改革和发展规划纲要（2010—2020 年）》确定的教育发展方针的重要内容，即要"高质量、高水平普及九年义务教育，普及学前教育、普通高中阶段教育"。

特殊教育学校教师本科以上学历达到 100%，接受专业训练达到 100%；高中教师本科以上学历达到 100%，研究生学历达到 15% 以上。五是实现教育信息化。中心小学以上学校全部建成校园网并实现无线网络全覆盖，基本实现"宽带网络校校通""优质资源班班通""学习空间人人通"。建设 334 所学校智慧教育资源系统、2500 个智慧教室，建成 13 个县区视频综合管理系统。

在经济社会发展水平不断提高的基础上，延安人民不但敢于提出自己的教育梦，也使这一梦想具有了高度的现实性。到 2018 年底，延安市已经拥有各类中小学 363 所，其中：普通中学 112 所，普通小学 251 所。普通中学在校学生 12.99 万人；普通小学在校学生 21.81 万人。特殊教育学校 5 所，在校学生 372 人。幼儿园 556 所，在园幼儿 11.95 万人。延安的教育体系在不断完善的同时也通过"借力"不断提高教育教学的质量和水平。自 2016 年以来，赴北京、上海、广州、江苏等地名校进行 1 个月跟岗培训的骨干教师、校长、园长就有 200 多名，更多校长、园长和教师通过"走出去""请进来"等方式学习先进教育理念，使教师队伍素质明显提升，涌现出一大批骨干教师。2018 年，延安市和无锡市签订第五轮教育合作交流议。无锡市 3 个区分别与延安 3 个县建立教育结对帮扶关系。延安市 34 所学校与无锡市对应学校结为友好合作学校。延安和无锡通过开通教育专递课堂，两地 68 所结对学校实现了课堂直播、课程点播、在线测试、互动答疑等资源共享。教育水平的提高有力地扭转了延安优质生源的外流趋势。2018 年秋季开学前，延安新区第三中学校长黄文武说："今年秋季学校建成招生，原计划招 12 个班，没想到报名的太多，控制人数招了 1000 名学生。"越来越多的孩子选择留了下来，在家乡的土地上享受优质的教育资源，实现自己的成才梦想。

二、让贫困户"家家都有读书郎"

仓廪实而知礼节，衣食足而知荣辱。在经济实力和收入水平提高的背景下，脱贫后的人们对精神方面的要求越来越多，也越来越高，对子女教育的问题越来越重视，也越来越期盼。因此，延安在推进脱贫攻坚中始终坚持同步"两手抓"，一手抓经济和生活水平提高，一手抓解决贫困子女的教育问题，不让贫困子女的教育问题拖贫困户的后腿，实现了让全部贫困户的子女们无一因贫辍学，实现了户户"家有读书郎"。清朗的读书声与勤劳致富的脚步声交织在一起，成为脱贫致富进程中回荡在延安山群间最嘹亮的声响。

延安在加强基础教育规模和质量的过程中，把贫困地区和贫困户子女的教育和教育资助作为脱贫攻坚中教育的中心工作，使经济建设和教育事业发展呈现出了高度的统一性。2015年以来，经过多次精准摸底，到2017年时形成了对贫困子女教育对象的全面把握并形成了健全的教育资助体系。其中，贫困户幼儿3321名，义务教育阶段贫困户学生6381名，享受普通高中国家助学金学生2161名，中等职业学校贫困户学生284人，对284名中等职业学校农村（含城镇）学生免学费，共计资助贫困户学生1.21万名，资助资金796.79万元，并对10729名大学生发放生源地信用助学贷款，贷款资金7300万元，其中对1049名贫困户大学生贷款资金达733.05万元，动员各类资金资助家庭经济困难大学生4252人次，资助金1034.85万元，其中贫困户大学生1198人次，资助金额332.4万元。2018年春季学期，累计资助贫困家庭学生14497人次，发放资助金1071.37万元，资助贫困家庭大学新生2434名，发放资助金462.95万元，办理大学生生源地信用助学贷款11088人，发放贷款7853.98万元。在秋季学期，资助学前教育阶段幼儿 2492 人、发放资助金 93.45 万元，对义务教育阶段寄宿生生活进行按月补助，对普通高中和中职阶段进行按学期补助。发放普通高中国家助学金 3006.5 万元，享受学生 30065 名；落实春季中职助学金 285.3 万元，享受学生 2853 人，中职免学费 681.24 万元，免学费学生 4893 人。与此同时，延安实施对全市中小学生营养改善计划。实施学校 417 所，受益学生 32.1 万名，累计拨付资金 2.15 亿元。从上述这些在政府相关文件中摘引的数字列举中可以看出，在延安的改革发展中，经济每发展一步，教育事业就跟着前进一步，人民群众特别是贫困人口子女的教育受益就大一些，实现了人人有学上的教育发展目标。

根据 2018 年的普查，延安在义务教育阶段贫困家庭学生 16685 人，涉及了 12587 户，无因贫辍学学生。这是延安在脱贫攻坚中取得的重大发展成就，延安的教育面貌发生了根本性变化，永久性地根绝了上不起学、无学上的教育困境，这为建设和拥有更加优质的教育和推动延安未来经济社会发展激发了强大的力量，使延安人民的致富道路越走越宽，也越走越坚实。

能够实现全部贫困子女接受义务教育的这一成就源于在脱贫攻坚中贫困人口的生活越来越有起色和家庭经济实力的增长，使家长们有了让孩子系统接受教育的底气，更源于政府对教育大规模的投入以及对教育公平和均衡发展的推进。2017—2018 年，延安贫困家庭中受资助大中小学生共计有 44000 多人，累计投入帮扶救助资金 3873 万元，让全市没有一例因贫困辍学的学生。一些区域中发展条件和实力比较好的县，比如吴起县，从 2007 年开始，在九年义务教育的基础上，把义务教育延伸到高中阶段，在全省率先实现十二年义务教育。2010 年又延伸到三年学前教育，形成了学前教育、小学、初中、高中连续 15 年的免费教育。十年间享受教育普惠政策的学生达到 30 万人次，免补经费累计超过 10 亿元。

为了对贫困子女的教育进行精准施策、精准帮扶，延安在教育领域加强了点对点的帮扶体系建设，实现了 1.75 万名教师与 2.32 万名学生牵手帮扶"志智双扶"双向全覆盖，把"学困和劝返复学"学生作为控辍保学重点监管对象，实行一生一策，夯实控辍、宣传、资助三项责任和"三个一"工作要求，即坚持每周至少与学生谈心一次、每月与家长电话沟通一次、每学期家访一次，做到了"关心学习、关照生活、关怀成长"。2019 年第二学期，延安全市贫困家庭义务教育阶段学生 16541 人，全员在学，无因贫辍学学生。在延安教育的历史发展长河中，这是一朵绚丽的浪花，激起了许许多多孩子的人生梦想。

延安市杨家岭福州希望小学，前身建立于 1974 年，当时只有 1 名教师和 1 孔土窑洞教室。到 1994 年时，也只有 8 孔窑洞、6 间平房，教师 10 人，校舍简陋，师资薄弱。1995 年时，在福州一家企业全体员工捐款 52 万元的基础上，学校经过改造，更名为杨家岭福州

延安杨家岭福州希望小学

希望小学，办学条件有所好转。脱贫攻坚开始后，学校的办学能力和水平得到了显著的提高，学校的教学楼从 3 层扩建到 5 层，新建了书法室、美术室、舞蹈室等，改变了一个又一个贫困孩子的人生轨迹，成为延安基础教育发展的一个典型和缩影。曾经在这里上过学的贾一敏同学在自己的笔记本上一笔一画地写下一句话："长大了，我要当老师，让更多的孩子都能出去看世界，改变家乡。"延安宝塔区杨家岭村村民杨海明说："是教育改变了我们家的命运。"他的两个孩子都是从杨家岭福州希望小学毕业的，如今他们已经大学毕业走上了工作岗位。不仅他家，现在村里的大学生也越来越多了。2015 年 2 月 14 日，当时正在陕西考察工作的习近平总书记专程来到杨家岭福州希望小学，察看学校办学情况，同老师们进行交流。在考察中，习近平总书记说："教育很重要，革命老区、贫困地区抓发展在根上还是要把教育抓好，不要让孩子输在起跑线上。"①延安的教育脱贫和对贫困子女教育的持续保障，实现了习近平总书记所说的"不要让孩子输在起跑线上"这一发展目标。在宜川县读高中的高帅就是没有输在起跑线上的一个孩子。在一篇作文中，高帅记录了自己从因贫"恐失学"到"喜上学"的心路。"八旬的爷爷患病，体弱多病的母亲为家操劳，父亲因车祸离世，哥哥常年奔波打工……上学的花销对我们这个贫困家庭来说实在压力很大。"但就在中考结束的那个暑假，学校、教育局的老师来到高帅所在的村里，进行教育帮扶政策宣传。"看到现在政策这么好，我心中的石头落地了。开学初，学校就对建档立卡的学生进行统计，建立师生结对帮扶，现在我再也不用为上学而担忧。"作文是这样结尾的："以前，我多少次默默期盼，期盼一个安心的生活；多少次深深期盼，期盼着有那么一缕阳光，照亮我前行的路。现在，

---

① 《习近平关于社会主义建设论述摘编》，中央文献出版社 2017 年版，第 52 页。

我一定要珍惜这美好的生活，好好学习上大学，奋斗于这伟大的时代，成为那缕温暖的光。"一个人遇到好老师是人生的幸运，一个学校拥有好老师是学校的光荣，一个民族源源不断地涌现出一批又一批好老师则是民族的希望。在中国，在重视教育的同时重视教师教育和对未来教师的培养也是一个优良的传统。延安在教育扶贫过程中，培养和涌现出一大批"有理想信念、有道德情操、有扎实知识、有仁爱之心"的"四有好教师"的典范，延安市聋哑学校的校长魏华就是其中的一个代表。在他的身上鲜明地体现了"四有好教师"的时代要求，是延安精神在今天延安教育工作者身上的传承和弘扬。

1989 年 6 月，从洛川师范学校毕业后的魏华来到了延安市聋哑学校，当了一名代课教师。那年，他才 19 岁，还是一个朝气蓬勃的小伙子。当他第一天走进学校时，他惊呆了：陈旧、简陋的校园，一群发音不清的学生，还有智力障碍的学生那笨拙滑稽的动作……他的心沉了下去。然而，孩子们却用自己"特别"的方式来欢迎这位小老师的到来：他们围着这位年轻的小伙子高兴地叫着，手不停地比画着，有的还拉着他到狭小破旧的校园参观。多年后，魏华回忆说："当时，我丝毫弄不明白这些孩子们在说什么，但是我能看得出他们异常高兴，看得出他们喜欢我。那一瞬间，我的心被触动了。望着这些孩子，我没有了紧张与害怕，我突然觉得他们就像我常在家带的弟弟，我有一些喜欢他们了，尽管那只是一种朦胧的感受，我只是觉得自己又多了许多的弟弟、妹妹……"就这样，他待了下来。这一待，就是 30 多年。爱的大门被打开，魏华开始以高昂的热情投入工作。他开始苦练手语。娴熟的手语架起了他和学生心与心交流的桥梁。孩子们都十分依赖这个老师，有什么话都想告诉他。慢慢地，魏华开始发现，自己不靠手语也能透过他们的眼神，读出他们的欢乐、忧郁、孤独、寂寞、委屈、愤怒……就在那一刹那，魏华看到了这个世界丰

延安市聋哑学校学生上课

富绚烂的一面。

30多年的时间就这样悄悄流淌着。30多年的时间里，魏华送走了一届又一届的学生：1994年、1995年连续两年在全市一年一度的冬季越野赛上，取得了4个前10名的好成绩；2005年10月、2009年5月，魏华两次带团参加陕西省残疾人运动会，在他的鼓励和指导下，运动员拿金夺银，取得优异成绩，让这些孩子体验到人生的成功，也体会到人生的价值。30多年间，魏华对每一名学生都视若己出；30多年间，他几乎把自己全部的爱都给了这群特殊的孩子们；30多年间，"魏爸爸"成了每位学生心中念念不忘的那个人。特别的爱，耕耘着一块块深沉的土地。2014年，魏华开始担任延安聋哑学校校长职务。为推动学校特色专业的发展和帮助学生形成一技之长，在魏华的带领下，学校先后聘请了一些专业的民间艺人，开设了剪纸、布堆画和沙画等特色兴趣课程，为学生将来的生存打下了基础。截至目前，这些特色课堂开办已经有2年多时间，学生多幅作品被社会各界和国外友人收藏。

对残疾孩子的教育来说，最大的难题是就业问题。"为什么不能创造一个平台，教给孩子们技能，让他们在社会上生存下去呢？"魏华时常在想这个问题。一次偶然的机会，让魏华和延安泰邦房地产开发有限公司达成协议，安排去年刚刚毕业的7名聋哑孩子到该公司旗下的延河精品超市上班。超市根据7个孩子不同的性格和身体状况，将他们安排在了不同的岗位上。每个孩子每月有 2000 元的稳定收入。"大家都很开心，最重要的是我们在这里通过劳动获得了别人的尊重。"如在超市收银的苗龙所述，这里不仅是一家普通的超市，更是让这群孩子抱团取暖、治愈心灵的地方。在这里，正规的工作和稳定的收入点燃了王博、苗龙等 7 个特殊孩子家庭的希望。魏华明白特殊教育单靠学校和他个人的努力是远远不够的，还需要引导全社会关心和支持特殊教育，于是他满腔热情，利用多种形式发动社会力量关心支持学校的发展。学校搞绿化，魏华拉回了 500 多株松树苗；中秋联欢晚会，延安海洋公司送来了月饼、水果；"六一"儿童节，延安荣氏公司主动向学校捐助一批果汁饮料；民营企业家杨华强不断给学生送来学习用品与生活用品……这么多的社会关爱更让魏华意识到爱的力量，他敏锐地抓住每一次教育的契机，及时用每一个细小的行动，春风化雨般地滋润这些特殊孩子的心灵。近年来，魏华累计争取到社会各界资助 90 多万元，协调安置残疾人就业 20 多人次，并从自己并不多的工资里拿出一部分钱来奉献爱心，用自己的实际行动演绎出了中国教育中的大爱大德大情怀，彰显出奋战在延安脱贫攻坚战线上的教育工作者的人生使命和价值追求。

第 四 章

坚定地走绿色发展道路

要是我们从西安乘坐动车前往延安的话，一进入延安的地界，如果是春天的话，我们能够感受这里到处是草木吐绿，春意盎然，如果是夏天的话，我们能够感受到这里到处是郁郁葱葱，一片生机，即便是秋冬季节，我们依然能够感受到这里的绿色底蕴，生命的顽强。在这片土地上，人们很难想象得到在历史上这里的那种穷山恶水般的荒凉、那种"黄土满面、沙尘满天"的情景。延安，经过20年的努力和奋斗，完成了自己的绿色崛起，再造出一个秀美的新延安，生态环境发生了巨变，使延安这个古老的城市成为黄土高原上一座名副其实的绿城，以创造性的实践证实了习近平总书记所指出的"人不负青山，青山必不负人"这一观点的科学真理性。

第一节　生态环境几近崩溃下的必然选择

"宁苦我们这一代，誓叫山河换新颜。"这是延安人民面对黄土地发出的刻骨铭心的呐喊。多年以来，一代一代的延安人立志要改变这里的生态，立志要让光秃秃的山上穿上绿色的衣裳。

一、延安历史上生态的恶化

还在 80 多年前，中国共产党在延安搞大生产运动的过程中就提出了要绿化延安、绿化陕北、让陕北的山头"长上头发"①的发展愿景。1938 年，中国共产党领导的陕甘宁边区政府就提出要有计划地砍伐森林，把砍伐森林与植树造林结合起来。1941 年 1 月，陕甘宁边区政府颁布了《陕甘宁边区森林保护条例》《陕甘宁边区植树造林条例》，在当时的条件下努力把保护环境的问题法制化。这些措施在当时起了积极的作用。1939 年包括延安在内的整个陕甘宁边区共插柳 139 万株，成活率为 50%。1940 年植树 23 万株，1942 年植树 26 万株。在当时的认识和实践条件下，应该说，这是一个了不起的成就。但是，要改变一个在历史上长期水土流失严重、生态脆弱的环境，何其困难，又何其艰辛，但又是非要解决的一个重大问题。这个问题不解决，根本无望走出贫困和走向富裕。

过去，延安当地流传着一句话，"春种一面坡，秋收一袋粮"。群众吃不饱饭就开荒，不够吃又再开荒，越垦越荒、越荒越垦，形成了生产和发展中的恶性循环，严重制约着人们生活水平的提高和走向共同富裕。1991 年时，一位长期在延安工作的负责人在谈论延安的发展时说过一段非常重要的话，他说："延安农业最大的优势是土地，出路在土地，但问题也在土地。所以，实现脱贫，首先要解决越垦越穷、越穷越垦的恶性循环问题。近十年，虽然延安人民向荒山进军，大量发展植树造林，但要在短期内彻底扭转生态困境，并非易事。因此，延安在新的一轮经济发展中，将加快生态建设。"应该说，这是

① 《毛泽东文集》第三卷，人民出版社 1996 年版，第 153 页。

一个有相当见地、也相当深刻的认识，也意味着生活在这片土地上的人们在自己的贫困和想发展起来的强烈愿望中深切地认识到必须要走改变生态环境的发展道路，否则会一代接着一代穷下去。任何思想和认识都不会是凭空产生出来的，一定程度上可以说都是被逼出来的。延安人民认识到改善生态环境的重要性也是被当时不断恶化的生态环境逼出来的。近代以来，随着人口增长，生存需求扩张，加之战乱频发、人口迁徙、过度垦荒、乱砍滥伐，导致水土流失严重，土壤沙化加剧，洪灾旱灾交替，人们广种薄收，越垦越穷，越穷越垦，违背人与自然和谐共生的一系列行为招致了大自然无情的报复。到了20世纪90年代末，延安的生态环境几近崩溃边缘。1999年开始实施退耕前，延安的水土流失面积高达2.88万平方公里，占总面积的77.8%，年流入黄河的泥沙2.58亿吨，约占入黄泥沙总量的1/6。联合国粮农组织的专家考察延安后也曾得出结论：这里不具备人类生存的基本条件。这个结论是完全符合当时延安的生态环境的。不过，下这个结论的专家当时应该无论如何也想不到，20多年后，延安人民就用自己的历史创造推翻了他的这个所谓"科学的"结论。

面对脆弱的生态，延安人民终于在自己的实践中深深地认识到人和自然是一体的，是一种共生的关系。正如习近平总书记所指出的那样，"对自然的伤害最终会伤及人类自身。只有尊重自然规律，才能有效防止在开发利用自然上走弯路。"①1999年，延安人民终于迎来了一次改善自己和自然关系的千载难逢的历史机遇。这一年，中国决定启动巨大的区域发展战略——西部大开发。就新中国整体发展来说，新中国成立以来区域发展经过三个大的阶段，一是从新中国成立到改革开放前，走的是区域平衡发展战略，在这个阶段上西部地区在短时

① 《习近平谈治国理政》第二卷，人民出版社2017年版，第394页。

间里在特定的历史条件下实现了一次发展的提升；二是从改革开放到 21 世纪前夕，主要是区域发展不平衡战略。在"让一部分人、一部分地区先富起来，先富带动后富，最终实现共同富裕"这一思想指导下，一部分地区实现了先发展；三是在新的条件下的区域平衡发展，在西部大开发、振兴东北老工业基地和中部崛起这三大战略推动下，中国的区域发展开始出现了新的平衡性。对于延安的发展来说，西部大开发是在即将进入 21 世纪之际出现的转变发展思路和发展方式的重要历史契机。延安牢牢地抓住了这次机遇，成为全国退耕还林工程的发祥地。

二、在艰难探索中再造秀美山川

1999 年开始的西部大开发，并不单纯是经济意义上的发展，而是包含了经济、社会、民生、生态于一体的系统的发展，对生态环境的建设提出了更高、更严格的要求。"如果不从现在起努力使生态环境有一个明显改善，在西部地区实现可持续发展战略就会落空，而且我们中华民族的生存和发展条件也将受到越来越严重的威胁。"[1] 也是在这一年，延安开始大规模地实施退耕还林工程。退耕还林工程是世界生态建设史上的一个奇迹，这项世界上投资最大、政策性最强、涉及面最广、群众参与程度最高的生态工程，在当代中国演奏了一曲从梦想到现实的华美乐章，也是对延安的生态保障和生态建设具有决定性的一个大战略。国家给延安人民提出的方针是"退耕还林（草）、封山绿化、个体承包、以粮代赈"，给延安人民提出的要求把"变兄妹开荒为兄妹种树"。从那时起到现在，经过 20 多年的努力，延安

---

① 《江泽民文选》第二卷，人民出版社 2006 年版，第 343—344 页。

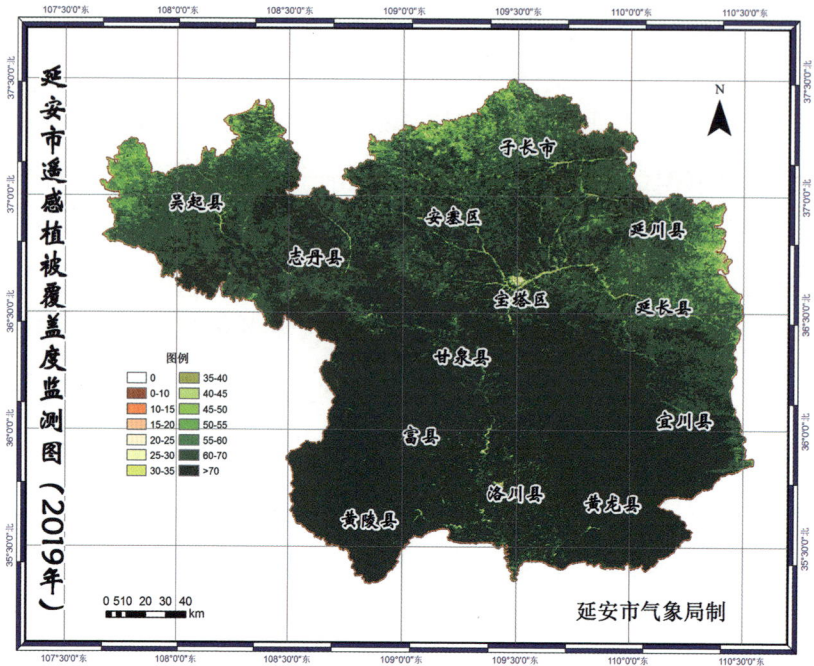

2019 年延安市遥感植被覆盖度监测图

的生态建设有了根本的改变，取得显著成效。自 1999 年实施退耕还林以来，延安全市共完成退耕还林面积超过 1000 万亩，基本完成陡坡耕地应退尽退的目标；造林 2046.45 万亩，植被覆盖度由 2000 年的 46% 提高到 80% 以上，水土流失综合治理程度达到 68%，流入黄河的泥沙量由退耕还林前的每年 2.58 亿吨降至年均 0.31 亿吨，森林覆盖率由之前的不足 10% 提高到 46.35%，林草植被覆盖度达 87.8%，年降雨量由 350 毫米增加到 600 毫米，让整个陕北地区的绿色面积整体上向北推移了约 400 公里。随着生态的逐步改善，延安市的野生动物生态系统得到了有效修复。2015 年，人们惊奇地在吴起发现了鸳鸯，并开始孵化和繁育后代。经过 2017 年、2018 年的观察，发现鸳鸯每年都来，而且不是一只两只，而是一群一群的，吴起的许多地方都发现了鸳鸯。2018 年的 6 月，人们又发现了至少不少于 28 只的最大的华北豹野生种群，同时还有红腹锦鸡、黄喉貂等多种生物活跃在延安林区，数量多、分布广。这些一度在延安消失的动物重新在延安安家落户表明，延安给中国的生态文明建设交出了一份成绩优秀的答卷。远远望去，延安实现大地基色由黄变绿的历史性转变。人们在陕北信天游中听到的"翻了架圪梁拐了道弯，满眼眼都是黄土山"，现在只能是一种记忆、一种历史、一种今昔之间的对比了。

延安生态环境的巨变彻底改写了延安一片荒凉和落后的历史面貌。2012 年以来，延安积极践行"绿水青山就是金山银山"的发展理念，把生态建设与经济社会发展紧密结合起来，走上了绿色发展的新道路，完成了从"光秃秃"到"绿茵茵"的伟大转变，被列为全国第一批生态文明建设先行示范市，为中国生态建设和发展作出了重要的"延安贡献"，也为世界提供了一个生态修复的"中国样本"。

努力建设美丽中国，实现中华民族永续发展，是新时代中国特色社会主义建设和发展的重要战略内容。2017 年召开的党的十九大进一步提出建设人与自然命运共同体的思想，指出："我们要建设的现代化是人与自然和谐共生的现代化，既要创造更多物质财富和精神财富以满足人民日益增长的美好生活需要，也要提供更多优质生态产品以满足人民群众日益增长的优质生态环境需要。"[1] 这标志着我国在自己的国家建设过程中充分认识到人类必须要尊重自然、顺应自然、保护自然，并将这一认识牢牢确立为国家发展的战略方针。人类只有遵循自然规律才能有效防止在开发利用自然上走弯路，人类对大自然的伤害最终会伤及人类自身，这是无法抗拒的规律。对中国的发展来说，这已经不是什么书斋中的学问，也不是什么高深的理论，而是在自己的

---

① 《十九大以来重要文献选编》（上），中央文献出版社 2019 年版，第 35 页。

延安市黄龙县黄龙山褐马鸡国家级自然保护区内的中国特产珍稀鸟类、一级保护动物——褐马鸡

发展实践和在与世界发展的比较中形成的实践体悟和现实诉求。

在 20 年的时间里，延安走出了"越穷越垦、越垦越穷、越牧越荒、越荒越牧"的发展怪圈，在一场深刻的绿色革命中实现绿色崛起，在当代中国的发展中这是中国人民构建人与自然命运共同体奋斗史的一个典型缩影。

第二节　延安是如何完成退耕还林的

西部大开发开展后，退耕还林的实施和多年的生态建设，既让延安的环境变美了，又产生出巨大的生态效益，让延安的发展多了一个选择，多了一条道路，一个更科学的选择，一条更稳定的道路。但回望来时的路，这是何等艰辛。与其他地方的黄土不同，延安所处的峡谷是沙石地质，存不住水，树木很难成活。为此，人们只能沿着崖畔，用石头垒坑，在坑中填入运来的黄土，把大苗栽进去，再进行灌溉。在一面面陡峭的山坡上，延安人用这样的"土办法"种活了一片片树林。不惜力、不放弃，延安人民凭着对绿色的执着追求，改变了大地的面貌，也扭转了自己的命运。现在，我们站在一片翠绿中啧啧称奇时，很难想到当时人们的艰难抉择和执着奋斗，很难想到这条路是怎么走过来的。面临艰难险阻时保持着持之以恒的坚强是延安精神所包含的重要内容，在这个意义上说，这条道路也是在传承延安精神中不断奋进的道路，浸透着延安人民对延安精神的独特理解和实践。

一、吴起率先退耕还林

在延安，吴起县率先开始封山禁牧、退耕还林，由此也成为延安和全国退耕还林的第一县，但一路走来，其艰难、不易，甘苦自知。1998年，在开始退耕还林时，吴起县顶住巨大的压力只留了30万亩基本农田，按照"一季退耕、两年治理、三年完善提高、五年初见成效、十年大见成效"的目标，一次性退掉155万亩坡地和耕地，开创性地开始了退耕还林的先行实践。吴起县以反弹琵琶的逆向思路，逆向开发，提出了"封山退耕，植树种草，舍饲养畜，林木主导，强农富民"的发展思路。数据显示，1997年，吴起全县林草覆盖率仅19.2%，是黄河中上游水土流失最严重的县之一，全县水土流失面积占全县土地总面积的97.4%。如今，吴起县的林草覆盖率已由1997年的19.2%提高到目前的72.9%，土壤年侵蚀数由1997年的每平方公里1.53万吨下降到目前的0.5万吨以下，五级以上的大风已由1997年之前的年均19次降为年均5次。可以说，当时的延安市、吴

延安退耕还林第一县——吴起县

起县的决策者们历尽千难，担着巨大的发展风险和政策风险，完成了改革千百年来传统生产、生活甚至是生存方式的创新之举。

2019年5月7日，在延安正式宣布脱贫后，有一篇新闻报道《延安脱贫了》为人们广为传播，争相阅读。其中，讲述了时任吴起县委书记郝飚在推行退耕还林时的艰难不易，从中也可以看到吴起走向绿色的不易。摘录如下：

1997年，把山羊养殖作为支柱产业的吴起县，邀请世界粮农组织的专家前来考察，为当地发展畜牧业"支上一招"。

"吴起的生态太过脆弱，不能再放羊了！"专家组的鉴定一针见血。

时任吴起县畜牧局副局长高增鹏思想转不过弯儿，憋红了脸，刚一反驳，就被驳得哑口无言。

忠言逆耳却直戳心窝。一年之后，吴起在全国率先实施封山禁牧、植树种草、舍饲养羊，一次性就要淘汰掉散牧山羊23.8万只。

消息传开，有老乡一扔烟袋，从炕上跳了起来，径直跑到县委，把时任吴起县委书记郝飚堵在办公室里，质问的话一句比一句扎心。有人甚至扬言，不让往山上赶，就把羊赶到你县委书记的办公室去！

文质彬彬的郝飚只好耐着性子，凡是找到他的，他就把人请进来。倒杯水、发根烟。

"咱吴起的环境，18亩天然草场才能养一只羊。但是人工种植的草场，一亩就可以养两只羊。相差了几十倍啊！"

嘴皮子都磨破了，还是说不动。郝飚干脆扔下一句："你说老祖宗几辈都放羊，那你富了吗？没富？那就按我的方法来！"

重重阻力之下，郝飚承受了巨大压力。愁得夜里睡不着，他就披着大衣站在阳台上，望着万家灯火，一根接一根地抽烟。

困惑之时，郝飚来到吴起烈士陵园。回想起革命战争年代，多少英烈为解放吴起献出了生命，他突然感到一股暖流袭过。

"为了建设吴起，我一个县委书记就是被免职，又能如何！"

念念不忘，必有回响。1999年，中央启动退耕还林政策，延安人开始从"兄妹开荒"变为"兄妹造林"。

看新闻的那天，郝飚如释重负。

也就是从那时起，吴起县南沟村老支书闫志雄开始带着乡亲们上山种树。

但在干旱少雨的延安栽树，谈何容易！

春天是种树的季节，这时的陕北春寒料峭。为了在陡峭的山崖上种树，闫志雄带着乡亲们把树苗放在背篓里，手脚并用爬上山峁。人还没上去，血就顺着手臂流了下来。

"栽深不栽浅、栽瓷（实）不栽虚、栽端不栽斜"，闫志雄把自己总结的"植树三条"写成一个个布条，见到总是学不会的老乡，就塞一个到他口袋里。

滴水成冰的日子，他们在直立的山崖上挖坑、种树，渴了喝口凉水，饿了啃个干馍。

干旱缺水的地方，种树很难一次成活，年年都要补种。一片林子里，爷爷孙子五辈树，再正常不过。

20年前的这些往事，被照片记录下来，封存在吴起县退耕还林纪念馆里。照片里，闫志雄坐在石凳上，手里的笔高高扬起，周围伸着头的老乡围了一圈，一个个干劲满怀。

几年前，已退休多时的郝飚，应老友之邀重回吴起。他趴在车窗上，一路望着漫山遍野的碧绿与苍翠，嘴里不停地念叨："真好，真好！"泪水却已夺眶而出了。

上面这个故事背后生动地反映出当初人们作出退耕还林决策和实施这一决策之不易。吴宗凯是当时吴起县林业局的局长。他在回忆当时决策之难时也说了一段非常重要的话："1998年下半年，县委开会决定开始实施封山禁牧，退耕还林。当时遇到的阻力还是蛮大的。首先是农民反对。我记得当时有个养羊户，对着电视台的镜头说，'羊不让放了，地不让种了，这不是要了我老汉的命'，然后就说要上吊，要喝农药。当然，最后没有真的发生。其实，当时更大的压力是，延安市也有主要领导反对。那时候，延安市提出要大力发展畜牧业。整个吴起县，乃至延安市，畜牧业都是被当作主导产业，是农业中最有增长潜力的。吴起县提出封山禁牧，要求老百姓舍饲养羊，当时是提倡养小尾寒羊。但实际上很多养羊户不适应，都把羊卖了。在统计上，畜牧业一下就下降很多，整个农业产值受到影响。"从中可以看出，当时不仅是决策难，而且在推行退耕还林中也不容易。在这种情况下，为了从政策上吸引农民退耕还林，吴起县以国家对退耕还林的补贴为基础，在全县164个行政村中故意留了10个行政村不搞退耕还林这一套，羊随便放，地随便种，而其他154个行政村一律要求退耕还林，通过这样一种方式来客观上比较退耕还林和不退耕还林到底哪一个更符合老百姓的利益。2000年9月，国务院颁布《关于进一步做好退耕还林还草试点工作的若干意见》，明确黄河中上游地区，每亩退耕地每年补贴粮食200斤，另外每亩每年还有20元管理费，连续补贴8年。根据这一国家政策，吴起县在2000年就开始兑现粮食。这样，没有退耕还林的10个村的村民看到隔壁村的村民领了粮食，他们没有，眼红了，坐不住了，开始主动要求也搞退耕还林，新的政策形成了放射性的发展效应引导着越来越多的农民投入到一场改变命运的新的生态革命中。

二、在退耕还林中走向绿色革命

中国的老百姓是非常注重实际的，也习惯于在实际中，特别是与自己切身利益有关的实际中检验党和政府的政策对不对、好不好、行不行，然后才决定答应不答应，满意不满意。当退耕还林后的农民从粮站把粮食领回去后，发现比他之前种三年的还要多，这样退耕和造林的积极性一下子就调动起来了。这正应了中国那句古话——"手中有粮，心中不慌。"从2004年起，国务院规定把对于退耕还林、还草的地区每年每亩200斤粮食补贴改成140元现金。第一轮补贴8年结束后，2007年国务院又出台政策，把补贴再多延续8年，每年每亩70元，给农民更多补偿。正是依靠国家强有力的政策支持，使得农民在整个退耕还林中受益，也就安了心，踏踏实实搞退耕还林。为了完成任务，一些农民晚上点上马灯，还在山上造林。因为苗木有限，有些乡镇还争抢树苗子。20多年来，吴起全县累计退耕还林243.79万亩。

吴起的试点与突破，成为延安退耕还林的先驱，也为延安其他地方退耕还林奠定了基础。延安人民将自己退耕还林的做法概括为"五个一"：一个好的领导班子，一把手亲自抓，负总责；一个有力的协调机构，全权负责退耕还林规划的实施和落实；一套好的措施，通过建设基本口粮田、发展后续产业、生态移民和封山禁牧、舍饲养畜等解决农民长远生计问题；一种好模式，实行梁峁沟坡统一规划，山水田林路综合治理；一种自力更生、艰苦奋斗的延安精神。2002 年 4 月，朱镕基总理去延安视察时，就"对延安市退耕还林工作予以充分肯定"。[1]

20 多年来，依托退耕还林、天然林保护和三北防护林建设[2] 等生态林业和民生林业工程建设，延安人民共造林 2134.5 万亩，天然林保护 3933.35 万亩。在此基础上，延安又启动实施山水林田湖草生态保护修复项目，投资 51 亿元，以延河为骨架，流域为单元，实现山水田林湖草共促共进。实施了引洛济延工程和 9 座中小型水库建设，使环境承载能力明显提升。2016 年，延安被命名为国家森林城市。大地披绿，山河换装，眼见着一年比一年草木茂盛，一年比一年气候宜人，家园也一年比一年宜居。

大概没有人统计过 20 多年来延安有多少人加入到了植树种草和生态保护的队伍中来，但正是依靠着人民群众的力量，延安完成了一场深刻的绿色革命。张莲莲是安塞区雷坪塔村村民，算上退耕还林前栽树，她 37 年用坏了 100 多把锄头，穿坏 300 多双鞋，家中 4 代人植树 20 多万棵，把村子周围 1750 亩荒山变成了林海。张莲莲说，想到那些年黄风起时遮天蔽日，一场洪水就把庄稼人一年的希望彻底冲毁，她最大的愿望就是植树造林，改善环境。艰辛远远超出想象，她的腿落下了病根，手骨节变形，没有禁牧前栽下的树被牛羊啃死，她伤心地抱着树哭。哭完她又上门做其他村民的工作，把自己育的苗子

---

① 曹树蓬、高建菊：《延安古今大事记》，陕西人民出版社 2015 年版，第 512 页。

② "三北防护林建设"是 1979 年启动的在中国西北、华北和东北建设大型人工林业生态的巨大工程，包含了三北地区的 13 个省区市的 559 个县（旗、市、区），总面积 406.9 万平方公里，占中国陆地面积的 42.4%，规划造林 5.35 亿亩，工程规划期限为 70 年，从 1979 年到 2050 年，预计到 2050 年三北地区的森林覆盖率将由 1979 年的 5.05%提高到 14.95%。

无偿分给大家栽，一个人栽树变成全村人上手。张莲莲和老伴带着儿女起早贪黑打坝修蓄水池铺管道，栽上苹果树、桃树、杏树。在延安的这场绿色革命中，有无数个张莲莲这样的人物，这也说明老百姓是让延安荒山变绿的真正英雄。

从 2008 年开始，作为退耕还林成果强有力的保障措施，延安一方面推动生态修复和保护，发动了一场"青山守卫战"，划定生态保护红线，确定全市生态保护红线面积 8760 多平方公里，一方面实行梁、峁、沟、坡统一规划，山水田林路综合治理，推动治沟造地，盐碱地改造，把荒沟闲置土地开发利用和生态整体修复融为一体，增良田，保生态，改善排灌系统，修整田间道路，建成高标准农田 31.34 万亩，整治后的耕地质量提升了 1—2 个等级，累计粮食增产 8.4 万吨，硬是把黄土高原变成了绿色的江南，成为实实在在的"中国退耕还林第一市"，完成了一场发展观领域的深刻变革。自从开始退耕还林以来，延安节能减排任务全面完成，单位 GDP 能耗不断下降，仅2017 年一年就下降了 4%。同时，生产方式的转型发展也给人民群众带来了新的增长源和增长点，让延安全市 80% 以上的农民受益，退耕户户均补助 3.2 万元，人均收入达 7400 多元。山绿了，水清了，人也富了。自从退耕还林以来，延安生态扶贫使全市 37129 户贫困户实现总收入近 1.2 亿元，户均增收 3242 元，这充分证明走生态扶贫的道路不仅是必要的，而且是可能的。

党的十八大以来，国家进一步提高了生态文明建设在中国特色社会主义建设中的地位，使之成为中国特色社会主义总体布局的重要组成部分。在新的发展任务面前，延安人民没有满足在生态建设方面的已有成绩，而是再次发出了冲天干劲，把延安的绿色革命持续推进下去。2013 年，延安自筹资金将剩余的 224 万亩 25 度以上的坡地和耕地全部退耕，促成了 2014 年国家新一轮退耕还林工程的启动。此外，还不断加强对生态环境保障的法制建设。近些年，延安先后颁布了《延安市退耕还林成果保护条例》《延安市水、大气污染防治工作责任追究办法》《延河流域水污染补偿实施办法》，用严厉的法律手段和责任追究体制加强了对退耕还林和绿色革命成果的保护。

生态建设和绿色革命的伟大成就推动着农民传统的生产观念开始发生了历史性的变化。刚刚开始退耕还林的那几年，许多农民在生产习惯上还是想多种粮食，后来这个想法就渐渐打消了。他们慢慢发现，在国家补助下种植果树经济效益高，会给自己带来更多、也更稳定的收入，就开始从被劝说退耕还林转变到主动申请要求退耕还林。用延安市吴起县曹台村村民蔺治海的话说就是："原来种了30亩谷子、玉米，刚能吃饱饭。1998年退耕以后种沙棘，再后来种山桃、山杏、苹果，生活比以前好多了！"2013年9月，习近平总书记在哈萨克斯坦纳扎尔巴耶夫大学发表演讲并在回答学生们提出的问题时说："我们既要绿水青山，也要金山银山。宁要绿水青山，不要金山银山，而且绿水青山就是金山银山。"[1]那么，如何才能让绿水青山变成为金山银山？延安的绿色革命给习近平总书记这一论述提供了具有创新性的实践回答。通过实施大规模的退耕还林进行生态重建，带来的不仅是青山绿水，还是对千百年来农村落后的生产生活方式的有力触动和深刻变革，给当地人民生活带来了实实在在的改善和提高。

第三节　生态经济新业态的崛起

生态环境建设本质上是重建生态系统并向生态要效益、改善生产

---

[1] 《习近平关于全面建成小康社会论述摘编》，中央文献出版社2016年版，第171页。

条件和提高生活水平。通过生态建设发展生态文明，不单单是植树造林的问题，在根本上是要形成新的产业形态，走新的绿色发展道路的问题。因为没有产业，农民难富，农民不富，生态难保。为此，必须要大力发展生态经济，培育后续产业，支撑农民的富裕并在根本上支撑退耕还林后建设起来的绿色大地，让良好生态环境成为人民美好生活的增长点，成为经济社会持续健康发展的支撑点。延安由黄变绿的20多年，是不断向生态要效益的20多年，是形成绿色发展方式和生活方式的20多年，也是在修复、改善和重建生态过程中获得收益的20多年。

一、农业产业新形态的涌现

随着退耕还林下农业生产条件的变革，农民的生产方式也出现了新的变革，各种各样的新的农业产业形态涌现了出来，拉动贫困户开始在根本上走出了贫困，走向了富裕。

在这方面，吴起县作为退耕还林的大县，充分利用了退耕还林带来的发展机遇，不断调整产业结构，培育后续产业，创新了许多经验，带动了一方脱贫。比如，扶植和鼓励贫困户从事植树造林。吴起每年落实中央财政造林补贴不少于 2000 亩，资金不少于 400 万元。在对全县 4646 户贫困户全部进行生态效益补偿、户均补助 830 元的基础上推动造林工作，由贫困户优先申请，造林经验收合格后每亩再补贴 200 元。2017 年以来，吴起县贫困户落实中央财政造林补贴项目 525 户，造林 7129 亩，户均增收 2000 元，从而通过林业种植富起来一批；同时，积极推动发展干、杂果林业经济，引导有条件的贫困户建设山地苹果、杏、扁桃等经济林长效产业，贫困农户人均达到 2 亩，使贫困户有了自己的产业。另外，还通过生态管护护林扶贫，从贫困户中选聘天然林保护工程护林员。近些年来，吴起县从贫困人口中训练和培养了 328 名护林员，这些护林员的人均年增加收入 1200 元。

吴起县在积极退耕还林的同时，按照"生态建设产业化，产业建设生态化"的发展方向，引导农民发展新的农业产业形态，强力推进现代农业发展，重点以山地苹果、山杏山桃、苗木培育等林果产业为主，初步建成土豆、苗木、标准化蛋鸡养殖、蔬菜等一批种植、养殖示范基地，带动了农业产业发展，促进了农民增收致富，稳步推进退耕还林后续产业建设。一方面，优先发展山地苹果产业，重点加强山杏、山桃的种植。目前，全县共新建山地苹果幼园 8.5 万亩，良种仁用杏园 0.25 万亩，改造山桃、山杏低产园 2 万亩，并通过抚育、修剪等措施提高林木的潜在产值；另一方面，培育苗木产业，充分利用该县洛河川、二道川、宁塞川等地的自然资源优势，采取民营资本注入，实现国家、集体和个人的"三结合"，建立以国有苗圃为龙头、合作社育苗为骨干、群众育苗为主体的育苗体系来打造苗木综合集散地，目前育苗面积达 1 万亩，年产值可达 4000 多万元。

习近平总书记指出："创新是一个民族进步的灵魂，是一个国家兴旺发达的不竭动力，也是中华民族最深沉的民族禀赋。在激烈的国际竞争中，惟创新者进，惟创新者强，惟创新者胜。"[1]延安的生态文明重建和新的生态经济的形成具体而生动地表明了创新对于一个民族生存和发展的重大战略意义。20 年来，吴起县农民人均纯收入从 1997 年的 812 元，增长到了 2017 年的 12022 元。农民们担心的没粮食吃的情况不但没有出现，人均收入还逐步提高。吴起县马湾村的村民蔺光英，在退耕后主要经营自家的大棚水果，靠着种植大棚，蔺光英把三个孩子供完了大学。2015 年，蔺光英的儿子买了小汽车、在县城买

---

① 《习近平关于科技创新论述摘编》，中央文献出版社 2016 年版，第 3 页。

了房，她还一下赞助了儿子40多万元。吴起的这一经验也是整个延安发展生态经济共性的经验。在延安全市实现退耕还林的过程中，延安农民人均可支配收入比退耕前增长了8.5倍。

吴起县苹果扶贫产业园

二、绿色革命带动绿色发展

在退耕还林的基础上，绿色革命逐渐席卷了延安大地，各地都涌现出许多创新经验。延安安塞区在退耕还林中走向绿色革命和绿色发展的经验也非常典型。

一方面，安塞区围绕着退耕后的还林、造林和护林培育辅助性的产业，成立公司，组织人力进行搞绿化、除草、种花、修路等，从事这些工作的贫困户一天能收入100多元，有了稳定的收入来源。另一方面，利用退耕还林创造的条件，组织专业化合作社和公司，并通过入股的方式让农民变成股东，走出一条脱贫致富的新路子。比如，安塞区的南沟村，在2014年前是安塞区一个典型的山区贫困村，村民自我调侃当地有"三难"：出行难、娶媳妇难、村干部干事难。2015年以来，南沟村积极根据退耕还林后出现的发展生产的新条件探索农村产权制度改革，走出了一条"资源变资产、资金变股金、农民变股东"的"三变"改革道路，不仅让本村村民增收，还给外村村民提供了就业机会。"资源变资产"指的是将土地和生态补偿后的资金作为股份入股，组建起了两个合作社分别入股到两个公司，一个是南沟生态旅游经济合作社，将全村22500亩土地折股量化，入股到惠民农业科技发展有限公司，公司每年给合作社固定分红50万元，合作社按占股比例给群众进行分红。另一个是苹果专业合作社，由226个农民以1060亩土地入股组建，合作社再以土地入股惠民公司果业发展子公司共同建起了苹果示范园，合作社占49%股权，果园收益前一切费用由公司承担，收益后净利润按股份比例进行分红。此外，村上还成立了务工队，每年惠民公司给每户贫困户安排不低于200个工日务工，仅此一项贫困户年收入可达2万元。通过这些方式，2014—2017年，南沟村村民人均可支配收入从4653元增长为14800元，增长318%，贫困群众人均可支配收入从2375元增长为10900元，增长460%，实现了从一个典型的山区贫困村到富裕村的跨越。2018年，村集体经济超过200万元，30多户贫困户全部脱贫。像南沟村这样的地方在延安退耕还林的过程中是一个非常普遍的现象，许许多多个南沟村融汇在一起，就交织成了20多年来退耕还林中延安新农村崛起和乡村振兴发展的一幅壮美时代画卷。贺敬之在《回延安》中以诗人的巨大想象写道："对照过去我认不出了你，母亲延安换新衣。"这一美好诗句在退耕还林和改变发展方式的20多年后终于变成了活生生的现实。

人一旦有了梦想，就会想办法去实现这一梦想。心中有追求的人，是不会停顿下来的，总是在那里思考和探索着。人们可以看到，延安的退耕还林历史就是一部探索人与自然融合发展的历史，也是创造性探索新的生产发展方式的历史。在整个退耕还林的20多年里，延安形成了一大批新型的绿色产业形态，生态效益产值达到了218亿元。"绿色革命"带来的生态建设红利开始释放，退耕还林与生态扶贫，在一个战场收获了两个重要战果。苹果、酥梨、红枣、花椒、蔬菜和跨季节新鲜水果以及林下养殖、乡村旅游等产业迅速崛起。

在绿色产业的支持下，延安的农民收入从 1998 年的 1356 元提高到 2017 年的 11498 元，实现了生态建设和农民增收的双丰收。此外，生态的隐性财富也在快速累积。2017 年，延安森林旅游全年共接待游客 200 余万人次，实现旅游收入 1.6 亿元，实现了生态建设和生态产业、生态效益的高度统一。

实现可持续发展，建设美丽中国，使中华民族能够永续发展，一直是中国改革开放追求的重要目标，是中国特色社会主义建设的五大目标——富强、民主、文明、和谐、美丽——的重要内容之一，也是中国共产党发展观、现代化观的重要内容。因此，在推进国家建设过程中，中国立志要为子孙后代留下天蓝、地绿、水清的生产生活环境，推动实现经济社会发展和生态发展的共赢。中国的这一发展目标，在当代延安的发展和崛起过程中得到了充分的实践。现在的延安，不仅在物质上发展起来了，人们开始变得富裕了，而且环境也美了起来，生态也变得宜人了起来，给子孙后代留下一片青山绿水。秀美延安的再造实践深刻地诠释了人和自然命运共同体是如何形成的，人和自然的命运共同体形成后人类又是如何从中受益的。在延安广袤的大地上，绿水青山正在源源不断地成为农民的"金山银山"，不仅解决了国家要"被子"的问题，也解决了农民要"票子"的问题，更解决了如何才能给子孙后代留下一片青山绿水的问题，创新性地回答了生活在今天的人们如何"为子孙后代留下天更蓝、山更绿、水更清的优美环境"这一时代性课题。在更深远的意义上看，这一创新实践解决的是我们这一代人和下一代人在发展问题上的矛盾，解决的是在高质量发展基础上人类与自然之间的平衡。如果说，有一个生态文明建设的"延安模式"，或者说，"延安样本"，那么可以说，这是这一模式最为重要的本质内涵和最深刻的意义所在，为全国乃至全世界探索成功走出一条生态脱贫的新道路提供了原创性的实践回答，值得人们不断地思考、研究和借鉴。

第 五 章

从穷山沟向富庶文明村庄的变迁

在延安沟壑纵横的黄土高原腹地内部，坐落着许许多多的小村庄，这里的人们久久在这里生活、繁衍。但这些村庄长期处于闭塞落后的状态中，人们生活异常艰辛。新中国成立以来，这些村庄的面貌发生了巨大的变化，在满足了温饱需要后不断向着美好生活去奋斗。脱贫攻坚战的开展，更是为这些村庄的发展加了油、充了电，让这些村庄在发展中开始了从穷山沟向富庶文明村庄的历史变迁。

第一节　梁家河：一个典型陕北村庄的
　　　　转型发展

梁家河坐落在延安市延川县文安驿镇东南 5 公里处，这里的窑洞、山峦、羊肠小道，无不映衬着陕北独特的自然风貌和人文习性。1969 年，在当时特定的历史环境中，青年习近平来到这里进行生产劳动，此后，直到 1975 年被保送到清华大学读书离开梁家河，青年习近平在这里度过了 7 年的时光。这也是人们所说的"习近平的七年知青岁月"。在 2015 年的减贫和发展高层论坛上，习近平总书记在回忆自己这7年的时光时说："上个世纪六十年代末，我还不到十六岁，就从北京来到了陕北一个小村庄当农民，一干就是七年。那时，中国农村的贫困状况给我留下了刻骨铭心的记忆。我当时和村民们辛苦劳作，目的就是要让生活能够好一些，但这在当年几乎比登天还难。"[1]正是这种刻骨铭心的记忆和体会促成了改革开放后一代代中国共产党人为国家富强、人民富裕的接力奋斗。

一、发展的旧状旧貌

梁家河在延安的农村发展中有着非常典型的象征意义，这个村庄的发展变迁能够反映出整个延安农村的发展变化。梁家河村现辖4个自然村、7个村民小组，现有人口433户1187人（常住人口202户442人）。总土地面积14777亩，其中耕地1599亩、人均1.35亩，林地10721亩（退耕还林5590亩、苹果981.2亩）、人均9亩。2015年9月，习近平总书记在美国华盛顿州当地政府和美国友好团体联合欢迎宴会上的演讲中回顾了回梁家河时的印象和感受。他说："今年春节，我回到这个小村子。梁家河修起了柏油路，乡亲们住上了砖瓦房，用上了互联网，老人们

梁家河知青旧址

---

[1] 《十八大以来重要文献选编》（中），中央文献出版社2016年版，第719页。

享有基本养老，村民们有医疗保险，孩子们可以接受良好教育，当然吃肉已经不成问题。这使我更加深刻地认识到，中国梦是人民的梦，必须同中国人民对美好生活的向往结合起来才能取得成功。"①梁家河这个小村庄的变化，不是孤立的，而是改革开放以来中国社会发展进步的一个缩影。

历史上，梁家河村是延安市延川县最为偏僻闭塞的一个小山村，属于陕北典型的窄沟圪岘，路无三尺宽、地无一亩平，山上没有树。用习近平总书记回忆时的话说就是，这里就是每年只刮一场风，从正月初一刮黄风能刮到腊月三十，每天参加劳动回来，如果不是看到两个眼睛在动，还不知道这个人是什么状况。梁家河的交通和生产生活条件过去也非常落后，这里不通路、不通电，山大沟深、土地贫瘠、广种薄收，农民劳动强度非常大，生活条件相当差，过着"半年糠菜半年粮"的苦日子，吃不饱饭是面临的最大问题。1969 年，青年习近平来到梁家河插队时，梁家河当时有 68 户人家，一共 247 人。这里的人们生活非常苦，每月人均口粮不足 20 斤，不少人是靠着乞讨为生。不少文献对当时梁家河群众生活的艰辛都有生动的描述。在《习近平的七年知青岁月》一书中提到当时群众的生活时说："正月十五过完，整个村子里大部分人都走了，梁家河就剩下一些老弱病残。我们当时还奇怪，人都哪里去了？很快，我们就知道了：大部分人都出去要饭了，从这里走到铜川、西安，沿路乞讨。"②在《梁家河》这本书中，也有类似的描述："正月十五刚过，村子里有人锁了门，走了。""每年这个时节，村民们像约好了似的，纷纷离开家门，加入外出讨饭的人流。在延川县，几乎有一半村庄都有人在这个时节外出

---

①　《习近平谈治国理政》第二卷，外文出版社 2017 年版，第 29—30 页。
②　《习近平的七年知青岁月》，中共中央党校出版社 2017 年版，第 131 页。

寻吃，甚至包括一些生产队的队长。"① 走出贫困，让生活富裕起来，成为梁家河村群众深深埋在心底的呐喊和期盼。

二、开始走向富裕的生活

1978 年，延川县启动农业生产责任制试点工作，1981 年在农村推行专业承包、联产到劳、包产到户、家庭联产承包的生产责任制。1982 年，梁家河村跟着全国、全县的步伐，全面推行家庭联产承包责任制，实现了向"交够国家的，留够集体的，剩下的全是自己的"的农业生产和分配制度转型，大大提高了农民生产经营的积极性，粮食产量稳定增长，逐步解决了吃不饱饭的难题。短短几年后，1984 年，梁家河农民年人均纯收入从 1978 年时的 50 元左右增长到了 169 元，翻了 3 倍多，村民的贫困程度开始降低，生活逐步开始好转。此后，几乎每经过 10 年，梁家河的发展面貌都会发生新的变化。1988 年 2 月，梁家河通上了电，彻底告别了点煤油灯照明的历史，1998 年开通了有线电话，2008 年家家户户用上了自来水。在经济社会不断发展的基础上，梁家河村村民的收入水平也不断提高。2007 年人均纯收入增长到 3112 元，2012 年人均年收入增长到 7917 元，2015 年为 15186 元，2017 年突破了 2 万元，2018 年达到了 21600 元，村集体经济发展到 2000 多万元，贫困人口消失了，这个村庄也彻底地历史性地告别了绝对贫穷。一个富裕的村庄开始在延安大地上崛起。过去，梁家河早上吃的是玉米面和糠做的团子，下午吃豆子面或者高粱面，七八天才能吃一回麦子面，蔬菜也只有在三四月到九月的时候才可以吃上，没有新鲜蔬菜的季节，

---

① 《梁家河》，陕西人民出版社 2018 年版，第 52 页。

都是靠酸菜过来的。而现在，吃的不是大米就是白面，肉不断，一年四季都能吃上新鲜蔬菜。村民精神面貌也从过去的"面朝黄土背朝天"转变为"家家户户好光景，个个脸上挂笑颜"，日子过得越来越红火，把村子建得越来越美丽。

梁家河村实现富裕的历史，是改变"靠天吃饭"和以往单一的农耕方式、从实现农牧林全面发展再到发展现代循环农业、乡村旅游产业的历史，也是一部中国乡村在改革开放中走向振兴的历史。回头去看，梁家河村富裕起来的背后蕴含着中国农村发展的大思路。

第二节　实现从温饱型向富裕型的跨越

要实现富裕，首先得解决吃饭和温饱问题。改革开放后，国家开始在农村实施家庭联产承包责任制，这是中国土地制度史上一项伟大的变革，是农民以家庭为单位向集体经济组织（主要是村、组）承包土地等生产资料和生产任务的农业生产责任制形式和统分结合的双层经营体制。这一土地制度的实施空前地调动了农民从事农业生产的积极性，极大地解放了农村的生产力，成为中国农村现行的一项基本经济制度，至今仍然是农村经济和农业生产生活的坚实基石。

一、抓紧退耕还林的历史机遇

梁家河村的富裕牢牢地建立在农业生产方式的转型发展上。中外历史已经充分证明，靠天吃饭搞农业，最多也只能实现温饱，不可能实现持续性的繁荣发展。梁家河村在长时间里，也是靠单一的农业生产吃饭，过着饱一顿饥一顿的日子。延安开始大规模的退耕还林后，给这个小村庄的生产方式转型也带来了新的变化。1999 年，延安的退耕还林开始，梁家河是延川县第一批一次性退耕还林试点村。为了执行退耕还林政策，当时的村支书石春阳动了不少脑筋。他一边向村民宣传政策，一边动员村民退耕种草，并在自己的地里率先种上了苜蓿。可村里有一户人家却固执地照样种了向日葵。"不能让一家影响了政策执行。"石春阳天天站在这户人家地里，苦口婆心地做工作，最后这家人终于砍掉了向日葵，种上了苜蓿。那一年，全村退耕 1532 亩，一次性完成了退耕任务。几年后，梁家河像黄馒头一样的山头都长出了绿叶叶，光秃秃的群山上木已成林，曾经灰头土脸的坡坡洼洼披上了绿装，梁家河实现了由黄到绿的转变。山上的水土不再流失，坝地 1 亩的产量等于山地 5 亩的产量，劳动量轻还打粮多。

退耕还林是人们利用土地方式的一次转变，也使梁家河人的生产、生活方式发生了根本性转变，开始走上了发展生态农业的新道路。通过淤地坝建设，改善当地的水利条件，围绕生态治理着力打造出万亩生态治理示范区。2010 年梁家河村又启动了"治沟造地"，逐步完成水土流失治理面积 4.89 平方公里，完成治沟造地面积 1605 亩，人均基本农田达到 2.5 亩，粮食亩产也由 300 公斤提高到 800 公斤，有力保障了农民群众生活水平的提高，也增强了抵御灾害风险的能力。2013 年，在延安洪水灾害中，梁家河也受到了洪灾袭击。在洪水冲刷下，全村有 100 多孔窑洞受损。村里的水电、道路被严重破坏。但梁家河很快就挺过来了。目前，梁家河有 5590 亩退耕还林林地和 10721 亩其他林地，满眼的绿色，真正走上了向生态要效益和要发展质量的新发展道路。

二、让腰包鼓起来

要真正富有起来，不仅要有足够的饭吃，还要有足够的钱花，让腰包鼓起来，这也是在发展过程中人民群众获得感幸福感的重要内容。2015 年时，梁家河全村还有贫困户 14 户 42 人。虽然是一个小村庄，但脱贫攻坚的任务却并不轻。

为了提高村民的收入，实现在发展中消灭贫困的目标，梁家河在巩固生态农业生产的基础上，不断拓展发展渠道，推动多种生产经营方式，真正让村民有更多的收入、集体有更多的创收，实现资产变资金、资金变股金，让改革红利成为村民脱贫致富的重要保障。

为了提高农业经营的收益，推进产业提质增效，2017 年梁家河村创立了长富农牧业公司，利用农民闲置、荒废以及低效的土地和果园，通过资产流转、政府投资、农户入股，由农牧公司统一经营。目前，流转果园 142 户 613.2 亩，流转沟道土地 143 户 1599 亩，统一发展花卉种植、采摘观光和科普教育等景观农业，建成大棚 25 座，带动 25 户村民发展大棚蔬菜，村集体通过租赁大棚每年收入 7 万余元，种植户户均收入 1 万余元。此外，还种植玉米、谷子、高粱、向日葵、南瓜等 19 种陕北特色农作物。同时，与龙基药业合作，以木瓜山、舍和沟、梁家河、梁家塔四个小组的 800 亩坝地入股，开发中药材，在村民收取租金的同时，按药材种植经营收入的 5% 进行分红。几年下来，梁家河村村民发挥出了冲天的干劲，村里的农业经济多点发力，一派欣欣向荣。一些长期在外漂泊的人也回来了。村民梁强是一名 90 后，过去很多年中他一直在外面靠着挖煤谋生。如今他回到梁家河村，利用自家院子，开一家名为"梁家小院"的饮食店。2009 年以前，梁家河村里几乎看不到 50 岁以下的人。现在，梁家河的年轻人比比皆是，他们在村里可以轻而易举找到适合的岗位，在这里扎根下来生活和工作，用自己的劳动实现着发展的梦想，也在不断推动改变着这个村庄的命运和面貌。

三、梁家河苹果的诞生

提到梁家河的发展和致富，不能不提这里的苹果。

现在，"梁家河苹果"已经是延安三大著名品牌之一（其他两个是洛川苹果和延安苹果）。在历史上，由于认识条件和发展条件的制约，梁家河没有种植苹果的习惯和经验技术，人们也没有想到过要发展种植苹果的产业。但当延安的其他地方把苹果种植搞得红红火火后，梁家河村民的心也动了，也想探索苹果种植。2008年，梁家河在木军塬种植苹果120亩，在2014年时迎来初挂果期。出乎所有人的意料，梁家河竟然是一个适合苹果生长的天然宝地。这里海拔850米，年日照时数2558.5小时，昼夜温差大，最高气温39摄氏度，最低气温零下21摄氏度，这种独特的气候条件赋予了梁家河苹果独特的品质——口感清新、甜爽、细腻饱满，又富含人

梁家河苹果丰收

体所必需的营养成分——钾、钙、镁、锌、铁等多种微量元素。凭借这一品质优势，2014年挂果的当年就入围了"全国一村一品示范村镇"名单，果农的收入也开始迅速提高。张卫庞是苹果种植的一个受益者。2008年，当时的村支书找到张卫庞，告诉他说木军塬上的地准备退耕，要搞经济林，问张卫庞愿不愿意在自己的地里栽苹果。"早都想栽了，要不是你们一开始不让塬地退耕，我早都栽上苹果了，还能不愿意？"张卫庞按捺不住内心的喜悦，在自己的10亩承包地里全栽了苹果。2015年2月13日，习近平总书记来到梁家河村，了解到村民张卫庞的苹果园第一年挂果就收入2万元时，非常高兴，还特意上山去参观了张卫庞的苹果园，并仔细询问了果园的管理、亩产收益和成本支出情况。2015年张卫庞种植苹果的收入增加到5万元，2016年增加到28万元，如今已经超过40万元。张卫庞说："过去种植玉米、小麦和黄豆等，10亩地的收入最多1万元，现在种一亩苹果就收入4万元。"过惯苦日子的张卫庞，终于在他71岁的时候过上了小康生活。在自己富起来后，张卫庞还想把苹果种植发展得更大，带动更多的人有稳定的收入，走向共同富裕的生活。2016年，张卫庞注册了延川县张卫庞苹果种植合作社，吸收了137户合作户。2017年，合作户达到379户。目前，梁家河生态有机果园已发展到1200亩，包括梁家河、贺家河、白家塬、破石河、杜木塬在内的梁家河环线生态有机果园面积达到了10630亩，其中挂果面积3600亩，实现产量4500吨，产值3420万元，成了村民增收致富的一项主导产业。

为了把苹果种植业发展好，梁家河进行了从品牌、种植、保存、到销售的全链条建设。目前，梁家河与西北农林科技大学合作建立了梁家河环线现代果业科技示范基地，还成立了两家苹果专业合作社，形成了"梁家河苹果"的品牌。为建设高标准、高效益示范基地，打响叫亮"梁家河"品牌，以苹果产业发展推进乡村振兴，2018年梁家河又与陕果集团延川公司合作，投资建设起了果蔬储藏库，有效解决了苹果的储藏问题，大大推动了苹果种植业的发展。网络的发展也大大增强了村民的信心。梁家河村村民学会上网后就很快发现，地方农产品特色和优势一旦和互联网接触，并有顺畅的物流业作为支撑和配套后，农村变得遍地是宝，村民种植的新鲜、优质的农产品，开始拥有更广阔的市场和更强的竞争力，这也为贫困人口的脱贫提供了保障。村民高焕焕失去三个亲人，精神受到过严重打击，又因没有技术，生活难以维持。驻村帮扶干部多次上门耐心开导带他走出伤痛，并帮助他应聘成为村旅游公司保安，让他重拾信心。后来鼓励他发展饲养业，帮助其寻找场所、购买保温产床、进行养殖技术培训，大大提高了养殖产出，2018年养殖收入18000元。现在高焕焕整个人都有了精气神，说："现在有产业有技术了，再也不怕挣不下钱了，我一定要靠自己的双手早日脱贫，不辜负集体对我的帮助。"

第三节　一个秀美和文明村庄的现代崛起

在新的发展条件下，梁家河村的文化自觉也跟着快速发展，并把文化自觉转化为文化产业，推动着自己在文明的道路上不断进步。

一、在保存村庄历史记忆中打造文化品牌

2012年，梁家河修建了村史馆，开始自觉地保存村史村志。2015年起，梁家河村以打造"知青文化"为主题，通过保护和修补着力打

造重点文物，成
立了乡村文化旅
游发展有限公
司。延川是 20 世
纪 60—70 年代到
延安插队的知青
的重要分布区域，
总计来这里的知
青有 1411 人。梁
家河又是延川知

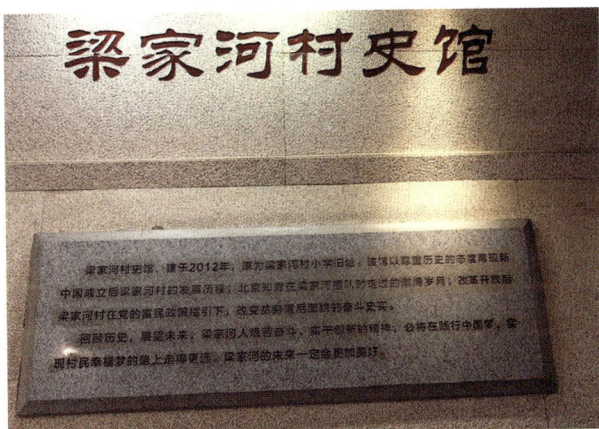

梁家河村史馆

青的一个重要分布点，有着厚实的知青文化。知青是 20 世纪 60—70
年代中国发展中形成的一种特定的现象，当时一大批初中、高中学生
来到农村参加农业生产劳动，知青文化也成为对当时条件下生产生活
和人生成长的一种特定记忆。为了建立好乡村文化旅游发展有限公司，
梁家河流转了 95 户 105 孔闲置窑洞，维修了保护知青一、二、三号院，
修复当时在村里插队的知青修建的铁业社、知青井和陕西第一口沼气
旧址等，并与延川县文旅集团合作，投资入股文安驿古镇二期工程，
村集体占股 20%。在这个过程中，吸收村民就近就业，带动 7 户村
民办起了农家乐、19 户开起了小卖部、4 户经营地方小吃，共安置就
业创业 125 人，形成了一个以知青文化为主题，集餐饮、乡村观光于
一体的旅游地，既富有文化特色又具有乡土气息。经过几年的努力，
梁家河的旅游产业获得了巨大的成功。2017 年，梁家河实现旅游综
合收入 2820 万元，比上年增加 1520 万元。2018 年梁家河村共接待
游客 112.37 万人次，实现了旅游综合收入 3174.85 万元。更为重要的
是，梁家河文化旅游产业的建设，辐射带动整个延川县的农旅、文旅
融合快速发展，形成了以梁家河为集聚中心的文安驿古镇、路遥故

居、黄河乾坤湾景区旅游环线，走知青路、干知青活、吃知青饭，成为延安乡村旅游的一道亮丽风景线。

旅游业的发展给村民创造了许多就业和增加收入的机会。在兴办和发展旅游公司过程中，村民闲置的窑洞也得到充分利用。村旅游公司租用村民的窑洞，每孔窑洞每年支付 3000 元租金，一次性租用 10 年。每户村民通常至少有 3 孔可供出租的窑洞，这样，一次性可获得 9 万元租金收入。目前，旅游公司已租下上百孔村民的闲置窑洞，可一次性接待 200 多人的团队住宿。同时，又积极吸收从土地中富余出来的村民到旅游公司上班。目前，在村旅游公司上班的约有 130 人，九成以上都是梁家河本地人。每月按工种性质，可获得 1500 元至 3000 元不等的收入。"下班"以后，村民还可以依托村里的旅游售卖农产品。村民刘金莲是梁家河村的保洁员，和不少村民一样成了拿工资的公司员工，按月领薪，下班之后她还售卖红枣、小米、布鞋、鞋垫等土特产和手工艺品，每月收入近 2000 元。

二、让村庄变得更加文明

在村上的经济实力和农民收入提高后，梁家河开始大力改变村庄的面貌，围绕宜居环境建设着力打造田园式现代乡村示范区。

这几年，梁家河先后对全村 200 多个厕所实施了改造，集中对进村入户的网线、电线、管线进行改造，解决村庄人乱搭线形成的"蜘蛛网"，重点对四个村民小组 100 余户农户院墙、大门进行修复修补和环境卫生整治，对入村入户道路全面进行排洪渠建设，实现污水集中收集和雨污分离。梁家河的物质生活和其他看得见的"外貌"，都发生了巨大的变化。村民们在接待、服务和经商的过程中，也有了和外界不断接触、沟通和交流的机会，自身从行为习惯到言语表达，到

梁家河村新貌一角

商业意识的培育和发展，再到对现代规则的感受和理解，梁家河村村民的现代文明意识显著提升。

　　快60岁的村民石春辉讲了这样一个故事：有一天，他走在村道上吐了口痰，被一个游客发现了，看着他说："这么干净的地，咋能随地吐呢？"石春辉的脸刷一下就红了。"我转过身，捂着脸，匆匆离开。"事后，他说，"确实是咱不对，也不能怪人家说。"现在，石春辉已经改掉了随地吐痰的坏毛病，甚至在路上，当见到有垃圾遗落时，他也会伸手去捡，并扔到垃圾桶里。石春辉说："人改变了环境，环境也改变了人。"2017年，梁家河被评为全国最美乡村。现在的梁家河，村上的大山变绿了、环境改善了、产业壮大了、集体有钱了、生活富裕了，大伙儿用上了互联网，窑洞小卖部开通了扫码支付，网购和城市里一样便捷，大家收入增加了，生活环境好了，乡亲们住进了新楼房，不少人还买了小汽车，老人们享有基本养老，村民们有医疗保险，孩子们可以接受良好教育，乡亲们的日子红红火火，村庄现代美丽，大家劲头十足地迈向新时代乡村振兴发展的新征程。

　　梁家河一步一个脚印地在现代中国乡村振兴中的崛起和实现脱贫共富，完成了从穷山沟向富庶文明村庄的变化，是在党的政策指导下许多人付出和奋斗的结果，体现了蕴含在延安精神中实事求是的伟大力量。这个村庄的发展是中国许许多多的"梁家河"中的一个，也是它们的浓缩，象征着在新时代的发展条件下中国农村发展面貌前所未有的历史性变化。

第 六 章

在脱贫致富中让延安精神放射出新的时代光芒

中国共产党领导人民进行的脱贫攻坚，既是在新的发展条件下利用和改造自然的过程，也是在精神领域中进行传承和创造新的精神世界的过程。延安人民在新时代改写家园发展面貌和消灭绝对贫困的伟大斗争中，既传承着在这片厚土上生成的延安精神，又把延安精神与新的发展实践紧密结合，艰苦奋斗，不断创新，让延安精神在新时代延安发展实践中放射出了新的时代光芒，同时鲜明体现出中国共产党脱贫攻坚精神的新内涵。中国共产党领导广大人民群众创造的脱贫攻坚精神以新的精神元素对人类精神作出了新的贡献。

第一节　永远把艰苦奋斗作为传家宝

任何一种对人起鼓舞作用的精神形态都会包含着一种让人奋进的力量，可以说，这是一种道德的力量，也可以说是一种品质和毅力。延安精神就是这样一种包含强大道德和品质、毅力力量的精神，让人在艰苦的条件和环境中坚持不放弃，不停顿地奋斗下去，一直到取得事业的胜利。无数去过延安的人，面对中国革命的历史遗址，都非常感慨中国共产党在延安时期斗争条件之艰难，都非常惊讶于在这种困难条件下中国共产党领导中国人民取得革命胜利之伟大。同样，无数去过延安的人，面对今天延安的欣欣向荣、郁郁葱葱，又都非常感慨和惊讶于脱贫攻坚中延安人民所取得的发展成就。其实，这里面关键的因素就在于精神的力量，

一、艰苦奋斗是中华民族和中国共产党人的传家宝

艰苦奋斗是中华民族生存发展的鲜明品质，是中华民族精神的重要底蕴，也是中国共产党人领导人民 100 年来筚路蓝缕走到今天迎来民族伟大复兴的精神品性。中国人民以吃苦耐劳著称于世的优秀品质。早在 2400 多年前的战国时期，有一位思想家叫作列子，他讲述了一个著名故事《愚公移山》：

太行、王屋二山，方七百里，高万仞，本在冀州之南，河阳之北。

北山愚公者，年且九十，面山而居。惩山北之塞，出入之迂也，聚室而谋曰："吾与汝毕力平险，指通豫南，达于汉阴，可乎？"杂然相许。其妻献疑曰："以君之力，曾不能损魁父之丘，如太行、王屋何？且焉置土石？"杂曰："投诸渤海之尾，隐土之北。"遂率子孙荷担者三夫，叩石垦壤，箕畚运于渤海之尾。邻人京城氏之孀妻有遗男，始龀，跳往助之。寒暑易节，始一反焉。

河曲智叟笑而止之曰："甚矣，汝之不惠！以残年余力，曾不能毁山之一毛，其如土石何？"北山愚公长息曰："汝心之固，固不可彻，曾不若孀妻弱子。虽我之死，有子存焉。子又生孙，

孙又生子；子又有子，子又有孙；子子孙孙无穷匮也，而山不加增，何苦而不平？"河曲智叟亡以应。

　　操蛇之神闻之，惧其不已也，告之于帝。帝感其诚，命夸娥氏二子负二山，一厝朔东，一厝雍南。自此，冀之南，汉之阴，无陇断焉。

　　1945 年，毛泽东在延安召开的党的七大闭幕时的讲话中引用了这个著名的故事。毛泽东说："现在也有两座压在中国人民头上的大山，一座叫做帝国主义，一座叫做封建主义。中国共产党早就下了决心，要挖掉这两座山。我们一定要坚持下去，一定要不断地工作，我们也会感动上帝的。这个上帝不是别人，就是全中国的人民大众。全国人民大众一齐起来和我们一道挖这两座山，有什么挖不平呢？"[①]这其实就是当时条件下提出来的一种艰苦奋斗、刚强坚韧的精神，这是延安时期作为近代以来中国历史发展上一个重要时期、重要阶段形成的精神品质，是当代中国人精神史上的传家宝。正是凭着这股子劲，延安时期中国共产党领导着广大人民群众自己养活了自己，实现了自给自足，领导着中国革命走向了胜利，也是凭着这股子劲，中国人民开始了向绝对贫困的最后宣战，不断从延安精神中汲取脱贫攻坚的力量，把艰苦奋斗的精神作为贫困人口走向富裕的精神动力，一代接着一代干，一锤接着一锤敲，一件接着一件做。

　　在领导和部署新时代中国脱贫攻坚过程中，中国共产党反复号召、积极引导贫困地区的群众要树立"宁愿苦干、不愿苦熬"的观念，自力更生、艰苦奋斗，靠辛勤劳动改变贫困落后面貌。把扶贫和扶智相结合，在扶智中激发贫困群众艰苦奋斗的志气，是中国脱贫攻坚的一个创新经验。也就是说，扶贫的过程既是一个解决物质生活的

---

① 《毛泽东选集》第三卷，人民出版社 1991 年版，第 1102 页。

过程中，也是一个解决精神生活的过程。没有积极向上的精神，没有艰苦奋斗的努力，是不可能脱离贫困的，就是一时在物质上脱贫了，迟早也会重返贫困的。中国脱贫攻坚的成功充分说明脱贫致富贵在立志，人穷志不能穷。只要有志气、有信心，就没有迈不过去的坎。"没有比人更高的山，没有比脚更长的路。"扶贫必先扶志，这充分说明了扶智在扶贫工作中的战略重要性。从实践来看，扶智包含着文化建设、志向激发、技术扶植、教育事业等多方面的内涵。只有把扶智作为主线贯穿在整个脱贫致富的过程中，才能激发贫困人群艰苦奋斗的精神，实现真脱贫、真致富，而且在脱贫致富后能够不断巩固发展成果，使幸福富裕的生活能够持续发展。

延安是一片精神积淀深厚的土地，是中国共产党延安精神的孕育地和创造地，也肩负着在新的条件下传承和弘扬延安精神的重大时代责任。20 世纪 90 年代初，一位在延安长期工作的老领导在总结延安的脱贫致富工作时说，在饱尝了各式脱贫工作只讲"花架子"之苦后切身体会到，对于延安的脱贫工作来说，并没有什么新鲜的诀窍，延安人将继续发扬延安精神艰苦奋斗，使延安地区彻底改变贫困面貌。因此，在脱贫攻坚的过程中，延安人民在立足自身厚重历史的基础上，不但要在物质上致富，而且要在精神上致富，不但要改造物质世界，还要丰富精神世界，把传承和弘扬延安精神作为脱贫攻坚的重要内容，让艰苦奋斗的旗帜高高飘扬在延安脱贫攻坚的广阔战场上。

二、培育艰苦奋斗的文化新土壤

文化建设是脱贫致富的重要力量，也是培育艰苦奋斗精神的重要力量。文化的力量只有转化为群众的志气、智慧，才能在根本上激励人们走出贫困、赢得属于自己的富裕的生活。表面上看，文化的力量是软的东西，但其实是真正的硬的东西。延安在脱贫攻坚过程中，高度重视文化的力量，注重把文化的力量"蕴之为德行，行之为事业"，就是说，转化成为群众的意志和走出脱贫、实现富裕的力量。一个民族的复兴需要强大的物质力量，也需要强大的精神力量。没有先进文化的积极引领，没有人民精神世界的极大丰富，没有民族精神力量的不断增强，一个国家、一个民族不可能屹立于世界民族之林。一个民族、国家是这样，一个地区也是这样的，需要文化的力量来推动和引领自己的发展。延安是一个富于文化资源的地域。在延安，现有各种文物古迹 9262 处，红色革命旧址 445 处。延安人民在历史上就是一个富于情感表达的群体，生活在这里的一代代人创造出了许多朴实、粗犷、富有感情的各种民歌和舞蹈等艺术形式来表达自己的情感世界，体现出生活在这里的一代代人的精神世界和文化自信。

革命时期，延安成为中共中央的所在地后，这些艺术形式曾经被有效地利用来进行革命动员和组织民众。比如，1943 年以陕北秧歌的形式通过改造旧的内容而创作的新秧歌剧《兄妹开荒》主要表现了一对兄妹热情开荒的场景，鲜明地表达了当时人民群众进行生产劳动的热情。在历史上，这一新秧歌剧在鼓舞人们自己动手、丰衣足食，为当时在被封锁条件下解决吃饭穿衣问题提供了巨大的精神推动力量。延安在脱贫攻坚过程中把传播文化的力量放在重要战略地位，大力发展公共文化事业，注重挖掘本地历史文化资源来丰富人们的精神世界，用优秀的文艺作品来涵养人们的精神心灵。到 2018 年末，延安全市共有艺术表演团体 13 个，从业人员 755 人；文化馆（站）133 个，从业人员 595 人；公共图书馆 13 个，从业人员 172 人，藏书 101.77 万册；艺术表演场馆 15 个，从业人员 1500 人。全市创作戏剧作品 11 部，曲艺、小品 45 个，歌曲 55 首。

从近些年来文化的创作内容看，一方面，充分挖掘自己的历史文化传承，激发群众的自豪感。在这方面，延安打造了"延安过大年""陕北民歌大舞台"等著名的文化品牌，创作了一批富有特色的文艺作品，引导人们认识自己的文化生命，以身为延安人而自尊、自豪。另一方面，延安以文化的形式充分彰显了自己作为中国革命象征的符号价值，深入挖掘和创新中国共产党在延安13年的历史资源进行文化传播和文艺创新，近年来先后推出《梦回延安保卫战》《延安保育院》《延安颂》等一批演出剧目，第四代歌剧《白毛女》在延安成功首演，一些重要的剧目，如《山丹丹》《兰花花》《乡医刘易》，不仅在本地进行演出，而且多次赴外地进行巡演，彰显出了延安文化的力量。近些年去过延安的人，一般都会去观看《延安保育院》的舞台演出剧。《延安保育院》主要讲述在当时战争时期为了保护好革命军人的子女和革命烈士遗孤，人们的斗争和牺牲，感人至深，看后无不热泪盈眶。这个舞台演出剧的结尾描写的场景是："河水沸腾了，它将中华民族不朽的足迹闪动在汹涌澎湃的黄河瀑布中；将一个民族可歌可泣的大爱精神，熔铸成飘扬的五星红旗。曾经被保育院安全转移抵达西柏坡的孩子们，在时光的穿梭中慢慢变成了半百垂旬的老人，与当年亲身经历了那段岁月的老人们的真实合影，交汇出一幅意味深长的画面。中国几代人为之奋斗的红色延安精神，将随着孩子们幸福的笑声代代相传。"这让人们能自然联想到今天的发展是历史上一代代的斗争和牺牲换来的，也就萌生了要珍惜今天的生活和为更美好的生活继续斗争的热情。

在脱贫攻坚中发挥文化的力量必须要让文化的传承和创新融入贫困人口的生活中去，去表达他们的情感，引领他们的追求，在心灵深处涵养人民群众艰苦奋斗的品质。1942年，毛泽东在延安召开的文艺座谈会上就说，文艺工作要"把这种日常的现象集中起来，把其中的矛盾和斗争典型化，造成文学作品或艺术作品，就能使人民群众惊醒起来，感奋起来，推动人民群众走向团结和斗争，实行改造自己的环境"①。70多年前的这一认识，放在今天仍有重要的意义。延安在脱贫过程中通过对文化的创新进行扶智，充分体现出毛泽东这一认识的科学性。延安在推动扶智的过程中，充分挖掘脱贫斗争中的典型进行艺术创造，形成并逐步推出深受群众喜爱的小戏《请"财神"》《二狗脱贫》、小品《扶志》《二狗养牛》、陕北说书《下聘书》《争书记》、微电影《敲门》《山桃花红》以及30集剪纸动画片《延河湾》等100余部文艺作品。这些作品都是群众在脱贫实践中的真实生产生活的艺术表达和艺术反映，对推动人们在艰苦奋斗基础上进行脱贫斗争有重要的文化推动作用。

三、在艰苦奋斗中努力掌握新的技术

在脱贫过程中，艰苦奋斗既是精神品质，也是不断掌握新的生产技能的学习能力。俗话说得好，家有良田万顷，不如薄技在身。要加强老区贫困人口职业技能培训，授之以渔，使他们都能掌握一项就业本领。一技可以傍身，但是很多贫困群众苦于没有技术，致富无门。因此，在扶智的过程中必须要帮助贫困户们有能够重新站起来的技术。为了让贫困群众尽快掌握技术，2017年延安组建了果业、蔬菜、粮食、食用菌、农机、良种6个技术支援支队，县区组建成立了专家服务团队、技术服务小分队、新型经营主体技术团队和农村能人技术团队4支队伍，全市从事对贫困群众帮扶的技术服务人员达2000多人。仅2017年的前三个季度，就完成农村实用技术培训、劳动力转移培训、教育精准扶贫培训、新型职业农民培训等各类培训共171期

---

① 《毛泽东选集》第三卷，人民出版社1991年版，第861页。

13722 人次。张志发就是其中的一个受益者，也是一个因为有了技术而脱贫致富的代表。张志发原来是延安延川县贾家坪镇刘马家圪塔村的一个贫困户。由于缺少技术，张志发过去主要靠着打零工过日子，每个月收入也就两三千元，并且很不稳定。2017 年，村上扶持贫困户发展大棚蔬菜瓜果，张志发毫不犹豫地承包了两个大棚。经过技术员的培训后张志发很快就掌握了种植大棚蔬菜瓜果技术，加上政府有补贴，个人投入不多，因此很快就开始营利了。2017 年张志发收入 6 万多元，2018 年收入 7 万多元。一些地方还依托改变组织方式，把群众紧紧团结起来，加强集体经济的力量，实现脱贫致富。

延安黄陵县索洛湾村在 2010 年还是一个产业薄弱、发展滞后、群众缺乏长期稳定收入来源的典型的穷山沟，过着"地少不保收、挑水半里路、雨天两脚泥、人往外面跑"的日子。面对困境，村党支部

黄陵县阿党镇南河岙 20 兆瓦集中光伏扶贫发电站

一班人不等不靠，依托村情实际，兴办停车场、洗车场、生态花园餐厅、山核桃工艺品加工厂等村办企业，拓宽了本村及周边村群众就业创业渠道。村集体经济积累达到 1800 万元，发展成果惠及全体群众，累计吸纳就业 116 人，户均 1 人在村办企业就业，户均年分红收益 6000 元。索洛湾村人均年收入从不到 800 元，猛增到 28000 元，成为远近闻名的"明星村"。正因为带领群众通过集体致富，把荒山变成了金山，索洛湾村党支部书记柯小海光荣地当选为党的十九大代表。

在黄龙县圪台乡的羊肚菌种植基地，320 亩羊肚菌长势喜人，基地种植的羊肚菌已经破土而出。基地的负责人是一个叫作张双印的人，他发展这项致富产业得益于一次偶然的机会。张双印一次在电视上看到播放的羊肚菌种植技术，之后便开始摸索着种植，一年下来他就收入了 18 万元。2017 年，张双印联合村民以土地流转的方式建起了种植基地，带动大家一起致富。贫困户陈德成就是其中的受益者。自参加土地流转后，陈德成一年下来就挣 4 万多块钱，不但学到了技术，后来自己还试种了 2 亩多地，建起了三个简易棚，加到一块儿一年就是 10 万块钱的收入。羊肚菌一年可收三茬，新鲜羊肚菌每斤市场价在 100 元到 120 元之间，而烘干的价格每斤高达 1000 元左右。因此，黄龙县也大力加强对羊肚菌的产业建设。目前，已经成立起了冯家塔、砖庙梁两个羊肚菌种植基地，种植面积 300 多亩，同时配建了羊肚菌深加工厂，每亩产值 4 万多元。2019 年，圪台乡仅羊肚菌一项产业就收入了 120 多万元，户均增收 3.7 万元。

中国人自古以来都明白一个极其简单但又极其深刻的道理，这就是"幸福美好生活不是从天上掉下来的，而是要靠艰苦奋斗来创造"①。

---

① 《把革命老区发展时刻放在心上——习近平总书记主持召开陕甘宁革命老区脱贫致富座谈会侧记》，《人民日报》2015 年 2 月 17 日。

弘扬延安精神　实现脱贫共富

延安黄龙县羊肚菌种植基地

在延安人民脱贫攻坚过程中，在艰苦奋斗中撸起袖子加油干，是最为绚丽的一面精神旗帜，生动诠释着新时代中国人民的艰辛创业史。

在脱贫攻坚过程中，扶智最终要落脚到移风易俗上，让贫困的人们重新树立起依靠自己的努力富裕起来的志气和勇气，致富才有希望。这是一个真实的事情：延安市延长县安沟镇高家川村的刘延平原来是村里有名的懒汉，加之妻子身体有病，两个孩子上学，日子过得紧巴巴的。2016年时，卢继霞到高家川村任第一书记①。得知情况后，卢继霞和村干部到刘延平家里做思想工作。开始时，刘延平嫌烦想躲开，可是他躲到哪里，卢继霞就追到哪里。实在躲不开，刘延平关了房门，卢继霞就堵在门口。连续三天，卢继霞每天早早就到了刘延平家里，中午就在刘延平家"蹭饭"，直到天黑了再走，终于焐热了刘延平这块"冰冷的石头"。看到帮扶干部这么热心，刘延平动心了，决定试着学习苹果管理技术。很快，人变勤快了，果树也大变样。2016年他家的苹果喜获丰收，当年刘延平家收入3万多元，一举摘掉了"穷帽子"。尝到甜头后，2017年刘延平在帮扶干部支持下牵头成立了延长江龙种养专业合作社。建菌棒加工房需要资金，卢继霞帮着联系贷款，还把买订婚戒指的钱借给了刘延平。富裕起来后的刘延平发自肺腑地

---

① 这里说的"第一书记"是指在脱贫攻坚战中从政府部门、高校、科研机构选派在贫困村进行驻村帮扶的干部群体，一般是以2—3年为周期进行轮岗替换。

说："没有卢书记，就没有我的今天！"

延安市宜川县云岩镇46岁的付凡平，18岁生日前的一场意外火灾夺走了她的3位亲人，她全身烧伤面积达80%，失去了双手和美丽的容颜，身体留下伤残。她一度不想出门，不想吃饭。家里一有人来，就赶紧躲起来。但她最终没有向命运低头。她说："只要你不抱怨生活，生活永远不会抛弃你。即使没有双手，容颜尽毁，我也要坚强走下去，用爱心做事，用感恩的心做人，活出自己内心的那份精彩！"精准扶贫开展后，凭借顽强的毅力和不服输的信念，付凡平参加了宜川县举办的电子商务培训班，开起了淘宝店，经营宜川土特产。第一天晚上她把图片传到网上，第二天就卖出了5斤小米、5斤核桃。虽然钱不多，但让她看到了生活的希望。2015年9月，在各级残联组织和社会各界的关心帮助下，付凡平创办了云果飘香土特产专卖体验店，随后又创立了宜川县蒙恩农场农产品经销有限责任公司，经营的农产品保质保量，销售额节节攀升，当年销售额就达50万元。2017年，销售额达到了350万元。同年，付凡平获得"中国

宜川县王湾村产业脱贫示范基地

残疾人事业十大新闻人物"光荣称号。在厄运面前，付凡平没有向命运低头，即便是失去了"翅膀"，也要不断努力飞向远方，即便是失去双手却仍然要努力书写出坚强的人生，凭借顽强的毅力和不服输的信念，不仅自己走上了脱贫致富之路，还吸收更多残疾人就业，实现就业创业的梦想，对"幸福都是奋斗出来的"作出了生动的实践诠释。

李东东居住在延安市的安塞区，也属于典型的贫困户，父母患病、儿子脑瘫、妻子患癌症，生活一度陷入绝望。在安塞区开始大力发展文化旅游后，李东东拿起了放了20年的腰鼓，并开始把打腰鼓作为自己的事业去追求。今天，再看到李东东，从他嘴里说出的已不再是"愁"字：妻子动手术报销了90%的医药费；儿子到特殊学校就读学费全免；他又打起了腰鼓，一年几十场演出，每场收入150元。凭着自己的坚持不懈，李东东一家的日子越来越充满了生气。延安市黄陵县双龙镇杜洛尾村的王本领，今年53岁，有一间100多平方米的豆腐作坊，围着这个作坊，王本领一家每天都在忙碌，主要制作和经营豆腐、豆浆生产，生意非常红火。过去几年，王本领的生活非常艰难。他自己在回忆时说："那几年，我的日子确实不好过，孩子他妈还出了车祸，送到西安去看病。我一个人在家既要种地，还要喂猪，日子过得紧巴巴的。娃娃上大学临走的时候，家里连2000块钱都拿不出来，最后没办法只能出去打工。"说起过去的日子，王本领叹了口气。那时，他靠种玉米、蔬菜供孩子上学，日子过得举步维艰。精准扶贫开始后，勤劳的王本领开始琢磨起来，"这日子到底怎么才能过好？"在扶贫干部的一次次帮助下，他开始谋划着做豆腐生意。2016年底，王本领拿到了黄陵县产业扶持资金5000元，开办起了豆腐作坊，平均每天能生产豆腐700余斤。2017年，王本领家庭人均纯收入达1.8万元，全家顺利脱贫，并闯出了一条创业致富路。谈到自己的脱贫致富路，王本领说："我的脱贫经验就是要掌握一技之长，有不服输的过好日子的信念。还有，就是产品质量一定要有保证。我的豆腐工序多，但品质高、卫生状况好！"生活好起来后，王本领并不满足自己一家人脱贫致富，对自己的生意进行扩大再生产，想带动更多的人脱贫。2017 年 6 月，他的豆腐坊由原来破旧的小房子搬进了 100 多平方米的新作坊；7 月，他又新建了一座标准养猪场；9 月，家里养殖的 70 余只红头雁开始产蛋销售。如今的王本领，在脱贫致富路上越走越宽，日子也越过越红火，2018 年 3 月，他被授予"脱贫之星"荣誉称号，成为延安贫困户脱贫致富的榜样，也成为艰苦奋斗的一面旗帜。精神的东西说起来非常抽象，但其实是非常具体的，它就在我们身边，就在老百姓朴素、朴实的生产生活中。

"不能动人，只是诚不至。"我们感动于老区群众在脱贫攻坚中的艰苦奋斗，同样我们感动于体现在延安扶贫干部身上的艰苦奋斗精神，他们离开了自己本来条件比较好的工作岗位和稳定的家庭生活，来到了贫困村和贫困户中间，和他们一起劳动、一起生活、一起想办法，一起付出，一起探索走出贫困的道路。

佘春妮在 2015 年至 2018 年担任延长县安沟镇阿青村第一书记。来到这里后她对自己有严格的要求，坚持每年到村不少于 260 天，走访群众不少于 500 人。三年来，她兑现了自己的承诺：这里每一户的门她都进过，每一家的炕① 她都坐过。佘春妮走家串户，她的足迹踏遍了阿青村。她一心为群众办事，群众把她当亲人。冯海霞享受低保待遇，肖文安家住进了新房，村上给果园上防雹网、建设休闲广场，处处都有佘春妮的身影。村里卫生室、休闲广场、饮水设施的建设，

---

① "炕"是陕北人居住的窑洞中供睡眠用的长条形状的床铺，也是用来招待客人坐的地方，一般是与做饭的灶连通在一起，炕下是走烟道。

都有佘春妮的一份功劳。今年佘春妮调到镇上工作后，只要回到村里，乡亲们总要和她说说心里话。佘春妮离开时，明知道她不会要，乡亲们还是要塞给她苹果、核桃、鸡蛋。

宜川县丹州街道王湾村驻村的扶贫干部郑欲是 2016 年来到这里开展扶贫工作的，从这时候起郑欲基本每天都在村里。遇到周末加班，没有人照顾 4 岁的孩子，她只好把女儿带到村里。孩子说，是和妈妈一起来扶贫。几年下来，孩子几乎认识郑欲所有的同事，因为他们不是接送过、就是陪着郑欲的女儿玩过。自 2016 年参加帮扶以来，孩子看见妈妈忙，就自己玩。一次郑欲开完会，看到孩子竟然在地上睡着了。郑欲觉得亏欠孩子太多，可当看到村民住进新修的房子、卖了地里的蔬菜瓜果、家里的难题解决了，郑欲又觉得一切都值得。这其实就是与群众同甘共苦、共赴艰难的精神。就如同刚刚大学毕业就扎根农村、担任洛川县黄连河村第一书记的王曙辉常有感触地说的那样，"坐上村民的炕头，才更深刻明白了责任的含义。"是延安精神让他经历了人生的蜕变，也让他在实实在在、点点滴滴的工作中体悟到延安精神的存在及其力量，因而在他的身上也能鲜明地体现出延安人身上那股奋斗的劲头和把艰苦奋斗这个传家宝在一代一代人的身上传承下去的意志。延安在实现整体脱贫后，新华时评在《青春的延安 奋斗的时代》中热情地讴歌了在农村脱贫战场上奋斗的这些青年人："宝塔山下的青春光影，是千千万万奋斗在脱贫攻坚一线青年人的缩影，是亿万为实现中华民族伟大复兴中国梦挥汗如雨的奋斗者的缩影。把激昂的青春梦融入伟大的中国梦，成为有理想、有追求、有担当的时代尖兵。这是青春的延安向奋斗的时代发出的召唤。"这是对扶贫青年干部不平凡实践创造的赞美，也是在艰苦斗争中对一种精神力量的彰显。

奋斗精神是中国精神的重要组成部分。习近平总书记指出："中国人民自古就明白，世界上没有坐享其成的好事，要幸福就要奋斗。今天，中国人民拥有的一切，凝聚着中国人的聪明才智，浸透着中国人的辛勤汗水，蕴涵着中国人的巨大牺牲。"①延安脱贫致富的实践充分证明了这一观点。延安人民在脱贫攻坚中展现出来的艰苦奋斗的精神是一种集体精神，这说明，要打赢脱贫攻坚战，在根本上依靠的是人民群众自身的力量。只有把让群众走出贫困、过上好日子的强烈渴望转化为群众谋求发展的主体精神和在苦干中的斗争精神，才能真正地走出贫困。否则，任何强有力的外在扶持，都不可能在根本上推动发展，不可能在根本上解决"穷根"。艰苦奋斗精神能够聚集强大的民力、民气，有力扭转部分贫困群众"习惯穷""愿意穷"甚至是"争当穷""等靠要"等思想意识，为贫困人口的脱贫注入精神上的内生动力。但要让这种民力和民气成为推动发展的力量，必须要坚持从实际出发。延安在脱贫攻坚过程中，不仅仅是动员起了群众的强大干劲，而且根据自己的区域实际、发展实际形成了科学的发展思路，特别是围绕贫困人口的脱贫形成了富有特色的产业支持，为贫困地区的发展植入了主心骨，使贫困群众的干劲不会是一天两天的，而是具有了长远性和持续性，当作一种品质去坚守，去教育一代一代的孩子，让他们永远守住艰苦奋斗的精神本色。

古人说："方其盛而不知戒，故狃安富则骄侈生，乐舒肆则纲纪坏，忘祸乱则衅孽萌，是以浸淫不知乱之生也。"从摆脱贫困的视角来看这段话，就是说，即便是发展了起来，生活富了起来，也要把艰苦奋斗这个传家宝守护好。只有守护好这个传家宝，才能守护好今天奋斗出来的好生活，丧失了这个传家宝，富起来后也会陷入骄奢淫逸、好逸恶劳，最终会毁掉发展的成果而重新回到贫困之中。把艰苦

① 《习近平谈治国理政》第三卷，外文出版社 2020 年版，第 140—141 页。

奋斗作为传家宝传下去，既是走出贫困的精神动力，也是守住脱贫成果的精神品质，更是在脱贫后开创新生活的精神毅力。

第二节　不断创新脱贫工作方式

任何一种比较成功的制度实践都需要不断的探索，都是人们长期探索的结果。今天，我们看到的延安脱贫致富的成功，是延安人民多年来探索和努力的结果，彰显了中国发展中的显著制度优势及其所转化形成的国家治理效能。

一、传统扶贫工作模式的不足

在历史上，延安长期处于贫困之中，过上温饱的日子是一代代生活在这片土地上的人们梦寐以求的梦想。在历史上，人们在恶劣的自然和生产条件下，主要是依靠个体生产和邻里之间的相互帮扶艰难地生存和繁衍着。1935年后，在中央红军长征到陕北后，面对严峻的生存困境，延安人民开始大量开垦荒地，并大规模地开展了大生产运动，开始实现了自己养活自己，但其实这也只是一个很低水平的生活条件。新中国成立后，由于人口的快速发展，吃饱饭的问题仍然是摆在延安人民面前的一个重大课题。1978年后，在整个国家的发展具有了一定的基础后，扶贫正式开始成为国家的一个重要工作内容，成为一项重要的制度性措施和要求，由此也正式开启了延安的扶贫工作历史。

那么，延安的扶贫发展道路应该怎么走？回望来时的路，这个问题并不容易回答，只能在实践中一点一点去探索，一点一点去积累经验。

从 20 世纪 70 年代到 80 年代初期，延安的扶贫主要走的是单纯救济、分散扶持的路子。当时，针对延安的贫困，国家在 1970—1979 年每年给延安返销粮食 7890 吨，年均拨付救济款 599 万元。1978 年，国家批准把延安地区的粮食征购任务减少 55%，并每年给延安无偿援助 5000 万元，直到 1987 年从未中断，中央和各级财政累计向延安投入扶贫资金达 62.5 亿元。1979 年起，国家又在支援不发达地区发展经济资金中给延安拨付 2000 万元，为延安脱贫提供强大助力。

以这种方式，经过多年扶持，延安多数地方的极端贫困现象得到了改变。到 1985 年，延安人均纯收入达到 223 元，是 1978 年的 53 元的 4 倍多。但是，这只是非常低的水平下的温饱，而且非常不稳定。像当时的延安县①、志丹县和吴旗县②有 32 万人的人均纯收入不足 150 元，占了延安农业人口的 23.6%。可以说，绝对贫困仍然是制约延安经济社会发展的一个重大问题。事实也说明，单纯依靠救济，只能解决一时，而不能保证一世，只能缓解极端贫困，而不能在根本上解决人民群众的富裕问题。

二、建构扶贫工作的新办法

20 世纪 80 年代中期，在改革全面展开后，延安人民也开始认识到必须要摆脱单纯救济的道路，以改革的精神和发展的方法去解决贫困问题。因此，延安开始把扶贫的发展思路转变到以家庭为单位，推

---

① 延安县是当时延安地区所辖的一个县，县址在今天延安市宝塔区川口乡的川口村。1970 年从延安县中析置延安城区。1972 年，延安城区改称为延安市，1996年 11 月，国务院批准撤销延安地区，设立延安市。

② 2005 年 10 月，中国民政部同意延安市的吴旗县更名为吴起县。

动多种经营生产，进行集中投入、集中开放、对贫困地方进行连片治理的新阶段。

在这个阶段上，一个重要的突破性成就是在农业中确立起并开发了烟、果、羊、薯四个支柱性产业，在工业中确立起了石油、煤炭、卷烟、毛纺四个拳头产品。在此基础上，延安积极争取各种项目资金的支持，通过专项贴息贷款、地方工业贷款，在1979—1989年的10年里共争取到了23210万元资金。通过这些资金，在这一阶段帮助了16万户贫困户发展粮食生产和主导性产业，取得了明显成绩。到1989年时，延安地区的烤烟面积由1985年的16.8万亩扩大到36.6万亩，苹果则从15.2万亩扩大到81.5万亩，红枣和杏由40万亩扩大到64万亩，羊的存栏数由60多万只增加到了128万只，薯类的种植面积也开始稳定在30万亩，产量由18.5万吨增加到33万吨。以四大主导产业为主的农业发展设想开始变成了现实。这一阶段上，由于推动多种经营，特别是提高经济作物的生产经营，使得延安农村多种经营的产值达到了2.9亿元，占农业总产值的57%。这一时期，中国在经济理论和实践上一个战略性突破就是开始把社会主义经济看作为一种商品经济的形态，认为"商品经济的充分发展是社会经济发展不可逾越的阶段，是实现我国现代化的必要条件。只有充分发展商品经济，才能把经济真正搞活"[①]。这一全新的认识大大摆脱了传统社会主义的认识束缚，为中国经济的繁荣发展奠定了新的理论基础。因此，延安以四大产业为方向推动农业多种经营方式，快速提高了延安农业经济的商品化程度。经过这10年的努力，延安一些长期贫困的地方，像黄陵、洛川、甘泉、安塞、志丹开始越过了当时的贫困线，能够满足了群众基本的温饱需要，全区12万人得到了脱贫。另外，在推动农业经济发展

---

① 《十二大以来重要文献选编》中，人民出版社1986年版，第568页。

过程中，农民的致富意识和致富积极性被充分调动了起来，开始积极地在当地办起一些具有企业性质的小经济实体，比如，小果园、小林场、小牧场、小建材厂、小煤矿。当时这种农民自己办企业的情况被称作"乡镇企业"，这完全是在改革过程中中国农民自发搞起来的一些企业，对于活跃农村经济、加强商品流通、提高农民的对外经济联系起了非常重要的作用。邓小平当时评价说："农村改革中，我们完全没有预料到的最大的收获，就是乡镇企业发展起来了。"①在这种新的经济形式推动下，延安农村中有一些地方、一些人很快就富了起来，出现了像延安市的油沟村，洛川县的胡林材村，富县的侯村、固险村、羊东村等一批因发展商品生产开始富起来的先进典型。在农村经济得到繁荣的同时，延安的四大拳头工业产业发展也比较快，1988年工业产值第一次开始超过了农业产值，石油、煤炭、卷烟、毛纺四大产业的产值达到了4.3亿元，成为整个延安经济体系的支柱。

可以说，经过早期单纯救济思路下"等、靠、要"，延安人民群众充分认识到，在脱贫致富的道路上关键是要自己行动起来，立足自身的努力，否则，国家的政策再好，政府的支持再大，外部的支持再多，也不可能带来真正的持久的富裕生活。20世纪90年代以来经过20多年的发展，在延安经济社会的不断发展中贫困现象也跟着大规模地开始消失。不过，对于延安这样一个地方，基础薄弱，条件落后，加上当时的贫困标准比较低，不少解决了温饱的地方也只是刚刚越过了贫困线，也只是达到了最低的生活水平，而且进行扩大再生产的能力十分有限。在这一背景下，要彻底消除贫困，必须要在制度上进行再创新。

党的十八大以来，延安在消除贫困的攻坚战中加强探索，这主要

---

① 《邓小平文选》第三卷，人民出版社1993年版，第238页。

是两个方面，一是走发展扶贫的路子，就是说，通过提升整个延安区域经济社会的发展来推动扶贫，也就是说，把制约富裕的问题作为发展的首要问题来抓，这样就抓住了主要矛盾，为在根本上消除贫困提供了更大的发展空间，实现了发展就是扶贫、扶贫就是发展的思路创新和制度创新。二是聚焦精准，帮扶到户到人，实现扶贫路上一个都不能少的发展目标。根据中国贫困的新标准，2014年延安精准识别出了贫困村693个，贫困户76218户，贫困人口205217人。为此，延安制订了脱贫攻坚两个阶段的发展目标：2015年至2018年，消除绝对贫困，实现整体脱贫，即实现2014年末的20.52万贫困人口脱贫。2019年至2020年，做到扶持政策不减、工作力度不减、资金投入不减，巩固脱贫攻坚成果，防止脱贫人口返贫，使延安与全国人民一道同步迈入小康社会。在根本上说，扶贫不是慈善救济，而是要引导和支持所有有劳动能力的人，依靠自己的双手开创美好的明天，在实现发展的过程中走出贫困，走向富裕。

第三节　充分发挥好政府、市场和扶贫干部的三种作用

改革开放以来，中国共产党在领导国家发展过程中一个非常重要的经验就是正确认识和处理在发展过程中政府和市场的关系，推动实现有为政府和有效市场的充分结合。一方面强调充分发挥政府的作用，另一方面强调市场在资源配置中的决定性作用。这两个方面是统一的，"不是相互否定的，不能把二者割裂开来、对立起来，既不能用市场在资源配置中的决定性作用取代甚至否定政府作用，也不能用更好发挥政府作用取代甚至否定使市场在资源配置中起决定性作

用。"① 从经济体制上来看，可以说，当代中国发展的成就是建立在同时发挥政府和市场这两种作用的基础之上的必然结果，这也是中国为发展中国家贡献的一条重要的发展经验，构成了现代化中国方案的重要内容。制度是抽象的但又是具体的。任何国家都是根据自己国家的实际情况来选择和形成自己的制度，并在制度的逻辑中运行，每个人也都生活在一定的制度中。不认识自己的国家制度，实质上就不认识自己。近代以来，在激烈的社会矛盾运动中，为了解决国家和民族的出路，中国在中国共产党的领导下选择了自己的国家制度，并且在中国制度的基础上不断推动国家的发展和人民的幸福。新中国成立以来的发展成就证明，中国特色社会主义制度具有强大的生命力，也是能够实现中国亿万群众脱贫共富的制度基础。

从延安脱贫共富的实践来看，制度起着非常鲜明的作用，依靠着制度力量，延安凝聚起了强大的民心并不断创新脱贫致富的实践。

一、充分发挥政府的作用

政府是公共权力的掌握者和运行者，对社会繁荣稳定发展负有首要的责任。在中国共产党领导下，中国政府始终坚持以人民为中心的发展思想，把人民群众的根本利益作为政党执政和政府施政的最终目标，这是中国大规模开展脱贫攻坚的政治动力，为脱贫攻坚中政府作用的充分发挥指明了方向。在延安摆脱贫困和走向共同富裕的过程中，政府作用的充分发挥极其重要。这种作用首先体现在对脱贫攻坚的总体制度设计上。

中国古语说："凡事预则立，不预则废。"说的是，做事情要有一

---

① 《习近平关于社会主义经济建设论述摘编》，中央文献出版社 2017 年版，第 59 页。

个预先的考虑和通盘的计划。2015 年 2 月 13 日，习近平总书记在延安主持召开陕甘宁革命老区脱贫致富座谈会后，延安市政府在总结扶贫工作历史经验的基础上，依据全面建成小康社会的总体目标，在广泛征求社会各界意见的基础上制订了两个重要的文件，一个是《延安革命老区率先脱贫致富全面建成小康社会行动方案（2015—2020 年）》，一个是《举全市之力打赢脱贫攻坚战的实施意见》。这两个文件所计划的目标是确保延安在全国革命老区中率先实现脱贫，并在 2020 年实现全面建成小康社会的发展目标。为此，延安人民决心用 4 年的时间，形成有针对性的行动计划，提出新的思路，激发出新的动能，凝聚起新的干劲，一步一个脚印将美好蓝图变成现实，确保实现的脱贫成果经得起实践、历史和人民的检验。根据这两个文件，延安加大对扶贫的工作力度，提出和规划了九个方面的路径，主要是：

一是专项基金扶贫路径。2013 年至 2017 年，每年筹集资金 4.5 亿元，每年为在册贫困人口每人补助 1000 元，实现了扶持贫困人口全覆盖。

二是金融扶贫路径。采取每县建立 300—500 万元贫困户产业发展小额贷款风险担保基金，协调金融部门按照 1∶10 的比例放大贷款额度，为贫困户每户发放 3—5 万元免担保、免抵押扶贫小额贴息贷款，政府财政连续贴息 3 年。

三是互助资金扶贫路径。建立镇村两级管理、五户联保＋产业大户担保的双重管控机制，有效解决村协会发展产业资金量小难题。

四是"合作社（企业）＋贫困户"扶贫路径。合作社或企业结对帮扶有一定产业基础或有发展产业意愿的贫困户，为其免费提供技术、农资、销售等一条龙服务。

五是果园、承包地托管扶贫路径。采取对特困户果园、林地、设施大棚等基本生产资料进行托管经营的办法，确保他们每年有一定的固定收入。

六是林业生态扶贫路径。以林木种苗培育、发展特色产业和森林管理管护为主，大力发展家庭林场，增加贫困户收入。

七是劳务输出扶贫路径。通过劳务公司整合零散独户剩余劳动力，实现劳动力供需规模化有效对接。

八是生态旅游扶贫路径。积极发展生态绿化旅游产业，通过旅游产品和三产服务带动贫困群众脱贫致富。

九是支部引领能人带动路径。加强农村基层组织建设，充分发挥致富能人脑子活、路子广、基础好的优势，带动贫困群众发展致富产业，增加收入。

政府这九个方面的扶贫路径是一个综合性、体系化的工作规划，也是延安在新的发展基础上，根据国家发展的新要求打赢最后阶段脱贫攻坚的宣战书。其实，2015年以来延安在脱贫攻坚实践中取得的历史成就，实际上正是执行这两个文件的结果，也表明了在扶贫工作中政府不可替代的支撑和引领作用。

在脱贫致富过程中，政府的作用还体现在集中力量办大事上，在根本上推动解决制约富裕的问题。要以发展的思路来解决扶贫问题，关键是要解决好基础设施建设问题和对整个经济社会发展具有引领性、前沿性的重大问题，只有这样才能在根本上撬动贫困问题的根，也才能避免在脱贫后又重新返回贫困。延安在脱贫实践中创造性地运用了这一思路，并取得了明显的成效。

在新时代，延安积极推动经济发展方式转型。从2017年起，延安获批实施《延安综合能源基地发展规划》，在创新理念的引领下积极淘汰落后产能，完成了产业升级和转型。延安是一块资源富集区，境内自然资源储量丰富，在其所辖13个县区中的安塞、子长、延川、延长、宝塔、吴起、志丹、甘泉、富县、宜川、黄陵 11 个县区均有丰富的石油资源分布。中国历史上最早的关于石油的记载就是在今天的延安形成的。1000 多年以前，北宋时期著名政治家、科学家沈括在他的中国古代科学成就集大成的《梦溪笔谈》中就有关于延安石油的最早记载。沈括说："鄜①、延境内有石油，旧说'高奴县出脂水'，即此也。生于水际，沙石与泉水相杂，惘惘而出，土人以雉尾挹之，乃采入缶中。颇似淳漆，然之如麻，但烟甚浓，所沾帷幕皆黑。余疑其烟可用，试扫其煤以为墨，黑光如漆，松墨不及也，遂大为之。"沈括当时给石油起了一个学名，就叫作"延川石液"，并断言"此物必大行于世，自余始为之"。但长期以来，由于勘探、开采技术条件落后，延安的石油产量非常有限。1949 年延安市原油产量仅有 800 吨，1978 年也只有 3.6 万吨。改革开放以来，延安石油产量快速提高。到 1992 年时超过了 100 万吨，2005 年突破 1000 万吨。在 2011—2015 年的"十二五"时期，延安市原油产量保持在 1600 万吨以上，原油加工量保持在 1000 万吨左右，石油工业增加值占当地国民生产总值的一半，名副其实地成了中国重要的能源产地和"石油之都"。目前，延安石油含油面积达到 2112 平方千米，石油地质储量达到 13.8 亿吨，剩余可采储量 1.7 亿吨。但长期以来生产成本高，产品质量不高，市场竞争力也不强。在中国经济发展进入新常态后，延安积极贯彻供给侧结构性改革的总体思路，在调整产业结构和创新产品供给上实现了新的历史性变革。特别典型的是，延安的延长石油炼化公司近些年来的产品创新。

延长石油是延安境内的一个老企业，以生产和加工原油为主，也是延安经济社会发展的支柱性企业，延安石油增加值占全市 GDP 的

① "鄜"即是今天的延安富县，1964 年时因为"鄜"字生僻，遂改为"富"字。

比重最高时一度达到 67.17%。但是，长期以来石油开采成本居高不下。2016 年，延安石油开采成本约为每桶 65 美元，大大高于国内每桶大约 29.9 美元、国际每桶不足 20 美元的平均水平。加上 2015 年后国际原油价格断崖式下跌，油品市场持续低迷，石油企业的经营异常艰难。面对这一严峻问题，2016 年 5 月，延长石油炼化公司决策者毅然决定：永坪炼油厂生产航空煤油。航空煤油，行业内简称"航煤"，生产工艺标准高、要求严，属于高端油品，价格远远高于一般汽油和柴油。但这是一个极其艰难的任务，必须打破原有操作系统，就连清理储油罐的要求都那么苛刻。当时，一位车间主任说："只是听说过有航煤这个工艺技术，在国内别的城市来说是成熟的，但是对于我们来说是完全空白。"航煤技改项目中航煤的洁净度是飞机安全最重要的保障，飞机在高空中温度低，航煤里面带一点水就会结冰，就会成为安全隐患。就是在这种情况下，用一年的时间，延长石油炼化公司通过技术改造，完成了向新产品生产转型发展的技术准备。航煤生产既是一个技改项目，又是延长石油炼化公司转型发展过程中的一个高端油品项目。经过 7 个月时间的测试，实现了航煤产品存储、运输、销售指标全部达标，创出了国内建设周期最短的纪录，提前完成了建设实验任务。2016 年 12 月 21 日，延长石油炼化公司首批航煤销往内蒙古鄂尔多斯，山西吕梁、临汾和省内的咸阳、延安飞机场，推动着巨大的飞机在蓝天白云间穿梭。延长石油通过艰难的技术攻关和创新，完成了一个传统产业的时代转型，在新的市场竞争中站稳了脚跟。

在新时代激活的不仅仅是一个企业的创新能力，而是整个延安的能源化工行业。2015 年 9 月，延安市富县全面启动油煤气资源综合利用项目，这一重大开发项目投资 216 亿元，年产 180 万吨甲醇，每年对 60 万吨甲醇进行深加工，并生产高品质聚乙烯、聚丙烯、丁醇、乙丙橡胶等多种化工产品。2018年6月，甲醇、聚乙烯、聚丙烯等装置陆续投料试车。2019年4月，所有装置打通全流程并产出合格产品。这个项目是延安石油工业转型发展的龙头，也是一个低碳经济、循环经济、资源综合利用的示范工程，预计每年可实现产值113亿元，利税23.4亿元。同时，政府还积极推动加快淘汰落后产能，强化环境风险防控。2017年以来已经引导退出煤矿12处，淘汰落后产能280万吨，使全市万元GDP能耗下降4.0%，全社会能源消费总量控制在727万吨标准煤内。今天，延安的原油生产、加工能力分别达到1500万吨和1000万吨，煤炭、天然气生产能力分别达到5000万吨和50亿立方米，累计向国家贡献原油2.6亿吨、煤炭5.5亿吨、天然气201亿立方米。可以当之无愧地说，延安已经成为当代中国一个重要的能源生产和加工基地。

　　近些年完成的延安黄河饮水工程的意义也极其重大。2014年7月，延安的黄河饮水工程破土动工，这是延安"引水兴工，产业转型"的

延长石油炼化厂

一项战略性、基础性、支撑性工程。该工程始于黄河岸边延川县延水关镇王家渠村，止于延安经济技术开发区，工程输管线境内总长143.34公里，由一条主管线三条支管线组成，包括了9座泵站，2座水库，2处水厂，隧洞9条，总取水量8977万立方米。黄河饮水工程是事关延安长远发展的生命线工程，工程建成后可解决和改善延安城区、宝塔区、延川、延长、子长近100万人的饮水问题；可解决延安经济开发区、延长杨家湾煤盐气化工工业园、延川贾家坪工业园、延长油矿永坪炼油厂、子长煤化工业园区的工业用水。这项工程投资43.8亿元，施工难度大、移民征迁多和技术要求高创下了延安水利工程之最。经过4年多的努力，到2018年下半年，正式开始供水，从根本上缓解了延安市生活用水和工业用水的资源瓶颈制约。

政府的作用也体现在对农村合作社组织建设的推动上。大力发展合作社组织也是延安在实现脱贫共富中一个重要的制度创新领域。组织起来在延安人民中具有深厚的传统，深刻体现着中华民族5000多年历史所传承的团结精神。在新的条件下，脱贫攻坚的发展任务再一次在制度上激活了这一传统，在693个贫困村全部建立了集体经济组织，使组织合作社，把群众紧紧团结起来共同进行生产劳动，成为延安走向富裕过程中的一个重要制度创新。在这方面，延安洛川县土基镇黄连河村具有非常典型的意义。

黄连河村位于洛川县土基镇黄连河流域，现有6个村民小组，145户579人，全村耕地面积3611亩，其中果园600亩，樱桃220亩，绿化树280亩，玉米2511亩。黄连河村是典型的洛河峡谷地带村庄，村里土地大多处于川道，昼夜温差大、湿气重，苹果锈病多、品质差，无法形成苹果主导产业，只能靠种植玉米等低效益农作物。在科学认识自己的发展环境和发展条件的基础上，黄连河村决定调整发展思路，利用闲置林场厂区发展林下经济，并结合实际，吸纳周边贫困群众通过土地流转、资金入股、劳务用工等形式参与生产经营，共享收益分红，努力带动了群众脱贫增收，为全村实施乡村振兴战略奠定了产业基础。2015 年时，黄连河林场搬迁后，由原林场退休职工李新安承包了闲置的林场厂区，注册成立"洛川三秦森工林业食用菌有限责任公司"，主要发展香菇产业，并逐渐探索引进了灵芝、木耳和娃娃鱼、孔雀、桂花雀、七彩珍珠鸡、绿壳蛋鸡、鸿雁、贵妃鸡、白凤乌鸡、黑凤乌鸡等养殖和火龙果、樱桃等种植，形成了"林—菌—禽—渔"立体循环发展模式。2017 年，为进一步扩大生产规模，带动村民增收致富，该企业通过土地和扶贫资金入股两种模式，共享收益，吸纳周边农户和贫困户参与分红，并形成了稳定的模式，主要包括以下环节。

土地资源入股：按照依法自愿有偿原则，农户与企业签订土地经营权入股合同，每亩每年分红 1000 元，其中 900 元直接向农户支付、100 元用于发展村集体经济，连续入股 15 年。根据合同协议，每年 1 月份，企业向农户支付每亩 400 元分红，年底支付剩余的 500 元。目前共涉及农户 24 户，流转土地 117 亩，其中贫困户 3 户 11.4 亩。另外，西安森硕商贸有限责任公司也吸收入股土地 371 亩，现已栽植观光采摘樱桃园 300 亩，绿化树 71 亩。

扶贫资金入股：确定了 35 户有劳动能力的贫困户，县上将 35 万元扶贫专项资金以每户 1 万元入股企业，企业每年固定向贫困户分红 1000 元，连续分红 5 年，第一年（2018 年）不返股金，第二年（2019 年）返股金 1000 元，第三、四年（2020 年、2021 年）各返股金 2000 元，第五年（2022 年）剩余 5000 元股金全部返还。五年后，每户可收入股金加分红 15000 元。

农民变股东：农民土地资源变资产入股企业获得分红，贫困户的扶贫资金入股企业也获得了分红，农民（贫困户）就变为企业的股东。

增收成效：2017 年第一批 19 户土地入股的农户，已于 2018 年 2 月 9 日领到分红金 44190 元和青苗赔偿 6 万元。35 户以扶贫资金入股的贫困户，按照合同协议将在 2018 年底领取 1000 元分红。根据合作协议，向企业流转了土地的农户可优先到企业务工。工资根据当期劳务市场价格确定，一般为 90 元／天或 12 元／时。同时，黄连河村还成立了七里川劳务公司，随着企业生产经营规模的扩大，为企业提供稳定劳务输出，有效增加群众工资性收入。

这种合作化的制度形式既推动了村里实业经济的发展，也使得村民的致富有了制度化的产业支撑。2018 年时，公司雇用长期工人 12 个，技术员最高的一个月工资 6000 元，普通工人最低的 2500 元。吸收了 30 户贫困户入股，每户每年分红 1000 元。王玲是黄连河村村民，家里 4 口人，去年公司流转了她家 9.6 亩土地，可领 8640 元土地流转费。从 2018 年初开始，她一直在公司打零工，每小时工资 12 元，每个月可以收入 3000 元左右。张秋梅也是黄连河村村民，家里 6 口人，弟弟一直没有成家，是贫困户，和他们一块生活，去年也在这个公司流转了 8.5 亩土地，她从 2016 年后就在公司打工，能够通过"土地流转、贫困户分红、工资"三个渠道得到收入，近几年来生活发生了过去想都不敢想的变化。目前，延安的各种农民专业合作社累计达到 5000 多家，其中 21 家农民专业合作社跻身国家级示范社。2019 年，在合作社和其他产业主体的拉动下，通过订单农业、股份合作、农资配送、利润返还、托管经营等方式，吸纳农民工就业 3.3 万人，订单总额 48.5 亿元，辐射带动农户 28 万户，让小农户与大市场实现了紧密融合，促进了结构调整、质量提升和链条延伸，带动着合作社区农户在繁荣生产的同时不断走向致富的新道路。

延安的脱贫攻坚实践证明，通过各种形式的合作社走向合作化，是贫困地区群众战胜贫困、走向共同富裕的一个重要法宝，团结和组织起来后形成的集体生产力和集体创造力量往往比贫困人口独家单户的探索要大得多，同时也为脱贫攻坚注入了强大的群众力量。

政府的作用还在于构建强有力的社会保障体系上。历史上，延安就是一个多种灾难频繁发生的地方。现实总是从历史中发展来的。只有清楚地了解来时的路，才不会迷失现实中的路，也才能看清楚未来的路。因此，了解今天的延安，必须要了解过去的延安。延安的辖区大多位于陕北高原的低洼山坳之处。就延安市区本身来说，主要是由宝塔山、清凉山和凤凰山围起来的一块空地，市内流经的河流主要是作为黄河支流的延河。延安气候干旱，自然条件和生产条件不利，大多数年份都有冰雹，并伴有暴雨和大风，水土流失严重。长期以来，灾害频仍，生活在这片土地上的人们饱受各种自然灾害的折磨。

在古代文献中有许多关于延安灾害的记载，仅从明初到1949年新中国成立前的580余年间，延安就发生干旱、洪涝等灾害200余次。清朝时的延安《安塞县志》，记录了1632年安塞灾荒后当时的生活场景："大荒，斗米八钱，民始掘草根柳叶树皮，继捣石啖之，坠腹而亡。人相残食，僵尸遍野，锋镝孑遗，又亡之十之九矣。"[1] 在延安，像这样的灾害和灾害后的惨痛生活是时常发生的。清朝初年时，一位祖籍延安的大臣冯懋才在给皇帝的上疏中描述延安的灾后生活时说："臣乡延安府自去年一年无雨，草木枯焦，八九月间，民争采山间蓬草而食，其粒类糠皮，其味苦而涩，食之仅可延以不死，至十月以后而蓬尽矣，则剥树皮而食。"[2] 灾荒中的惨淡之景跃然纸上。就是

---

① （清）倪家谦、（民国）郭超群：《安塞县志校注》，上海古籍出版社2010年版，第72页。

② （清）倪家谦、（民国）郭超群：《安塞县志校注》，上海古籍出版社2010年版，第75页。

在新中国成立后，延安的灾害仍然不断。比如，1977年7月发生的延安特大洪水，就是新中国成立以来延安最大的一次自然灾害，在这次洪水灾害中，淹没、冲毁耕地18万亩，倒塌房屋5000多间，死亡134人。就是在这样一种非常不利的自然条件和生产条件中，延安广大人民群众坚持自力更生，艰苦奋斗，努力拼搏，依靠着自己的力量不断改变着家乡的历史面貌。改革开放以来，尽管延安经济社会发展取得了快速进步，但自然灾害依然很多，仍然是延安广大人民群众在前进道路上面临的严重挑战。2013年7月，延安市发生了一次大规模的强降雨，这是延安自1945年有气象记录以来过程最长、强度最大、暴雨日最多且间隔时间最短的一次持续强降雨，也是离现在最近的一次重大灾害现象。在这次百年一遇的强降雨中，延安全市因持续强降雨灾害造成42人死亡，150人受伤，房窑倒塌2万户4万多间，农作物受灾111万多亩，绝收38万亩，累计直接经济损失达129亿元，受灾群众达150多万人[1]。这表明，灾害仍然是对延安发展的重大考验。

在中国脱贫攻坚中，防止因病致贫是一个极其重要的问题。就全国而言，"从贫困发生原因看，相当部分人口是因病致贫或因病返贫的。"[2]延安贫困人口的情况也是这样。就延安整体来说，在2017年时，因病致贫的还有23205户60024人，占到了当时贫困人口总数的37.5%。疾病无情，但人有情，人们可以通过制度上的保障加强社会托底，把人们因为疾病的影响降到最小化，使人们在面对疾病时有更多的制度自信。因此，在社会保障建设中最重要，也是最难的事就是看病难的事，因此也就成为脱贫事业制度建设中的一个大问题。

---

① 曹树蓬、高建菊：《延安古今大事记》，陕西人民出版社2015年版，第576页。

② 《习近平关于社会主义经济建设论述摘编》，中央文献出版社2017年版，第222页。

　　在推动解决看病难的问题过程中，延安形成了行之有效的医疗改革的"子长实践"。子长县是延安所辖的一个县，在延安的东北部，全县 26 万多人。2014 年时，识别出贫困村 82 个，贫困户 11254 个，贫困人口 33761 人，贫困发生率为 16.17%。多年来，在子长这个地方，人们感觉什么都非常困难，上学难、就业难、住房难、吃水难、看病难。但是，在所有这些困难中，最难的应该说主要是看病难，难就难在看病非常贵，一场病看下来，就多年翻不过来身，脱贫的也有可能要重新返回贫困。面对这一情况，在广泛调查研究的基础上，大家认为"看病难、看病贵"问题的根子在于看病贵，而看病贵的原因又在于医院"以药养医"机制的缺陷和政府投入的缺位，出路在于创立"平价医院"。认识有了，思路也有了，剩下的就是去实践。十多年来，为解决这个问题，子长县在两个方面不断同时持续用力：

　　一是狠刹虚高药价。取消了药品加成，实行药品零差率销售，同时对县镇村三级医疗机构所有用药全部实行集中采购和统一配送，并将各类医用耗材、试剂纳入了集中采供范围。这样，就切断了医药厂家、医药代表与医务人员之间的利益链条，药价很快就降低下来了。

　　二是加大对县内医院的政府投入。为此，采取了以下措施：取消 15% 的药品加成，实行药品零差率销售，医院因此形成的 300 万元减收由财政补贴；公立医院由差额预算单位改为全额预算单位；公立医院 1941 万元的历史债务由县财政统一打包还清；每年预算 300 万元重点学科建设经费和 100 万元优秀医务人才奖励基金；基本建设和大型设备更新由财政负担，仅医院门诊住院综合大楼县级投入就达 1 亿元；政府财政每年预算 90 万元的人才培养经费。2008 年以来，医改九年，县财政累计投入卫生事业经费 9.74 亿元，占财政总支出的比例年均为 8.7%，年增幅 27.2%。其中，累计为公立医院投入 3.7 亿元，占医疗卫生总支出的 30.5%。

　　这两个方法很快就在解决当地群众看病难的问题上开始发挥出重要作用，政府、医院和老百姓之间在看病问题上越来越呈现出良性的关系，切实解决了穷地方的人能看得起病的问题。到 2011 年，子长县出院患者次均费用为 1783 元，门诊患者次均费用为 70.8 元，与医疗改革前相比，出院患者平均费用下降 42%，门诊次均费用下降 65%。今年 70 岁的南学英，家住子长县李家岔镇，2010 年时得过一次脑梗。之后，每年要到县医院做 2 次治疗。她后来在讲到 2018 年一次治疗的花费时说："我这次住院，一共住了八天院，总共花费是 2400 多（元），不到 2500（元），个人腰包里掏出来 200 多（元），就这样对我生活一点影响没有的。""当时就是说，看好以后不知道得背多少债，以后给娃娃欠一堆债，现在看起来挺好，恢复得挺好，还在城里租了个房子，生活挺不错。"经过持续性的治疗，南学英的病情得到了好转，像南学英一样的受益者还有很多。解决看病难的"子长实践"其实并不神秘，它从制度上解决了基本问题，一是医疗必须要为人民群众的健康服务，二是政府在医疗改革中不能缺位。正如一篇评论文章所说的那样：其实子长县并不是很富的县，能财政出资创建平价医院，破解看病贵看病难，这是把民生放在首位。

　　医疗改革上的"子长实践"很快被作为一个成功的经验在延安进行推广。在"子长实践"的基础上，2011 年县级公立医院改革在全市范围内展开，延安在全国率先成为县级公立医院综合改革全覆盖的市。2015 年，延安作为国家试点城市，实施城市公立医院综合改革，受到中央的关注，并在全国予以推广，为全国医改探索出一条新路子，贡献了"延安方案"。十年医改，受益最多的就是老百姓。2016 年 10 月起，延安在市级层面取消药品差率。仅在一年时间里，直接让利给老百姓 5820 多万元。没有全民健康，就没有全面小康。以下是全市 2018 年的一份医疗账单：截至 2018 年 9 月底，延安市建档立卡贫困人口住院基本医疗保险报销结算 36884 人次，住院总费用 22080 万元，其中，基本医保报销 13482 万元，进入大病保险 9280 人次，大病保险报销 2004 万元，补充医疗保障报销 229 万元，民政救助和兜底保障报销 3430 万元，贫困人口住院报销救助比例达到 86.7%。防病之要贵在平时。从 2013 年起，延安市政府每年拿出 2800 余万元，将 45—64 岁城乡居民健康体检纳入健康体检人群之中，对体检出的各类疾病及时予以干预、指导，大大提升了这一年龄区段居民的健康水平。全市共有 45—64 岁居民 47.75 万人，共体检 32.299 万人，体检率达 67.64%。

贫困人口大多数居住在距离医院比较远的地方，基层医疗资源匮乏。为了方便贫困群众看病，延安的一些地方在抓医疗改革和对贫困人口医疗救助的同时，还加强了对区域内"流动医院"的建设。比如，到 2017 年 7 月，延川县已经在每个镇建立起了"流动医院"，配备 1 辆救护车和 4 名医护人员。同时，对全县 120 个村卫生室进行维修改建，并抽调卫生计生从业人员 865 人，乡村医生 229 人，进行专业培训后充实到各村卫生室中。"流动医院"为全县贫困家庭送去了"私人医生"，极大地便利和满足了贫困人口的看病需求，也有力推动了医疗资源在区域内的均衡化。

延安医改的结构性之变，架起了"全生命周期"健康卫生新格局的四梁八柱，也支撑起每一个延安人美好生活的四梁八柱，大大加强了社会保障的制度力量。在这个基础上，产业帮扶、就业安置、易地搬迁、保障兜底……一项项精准脱贫举措在延安的山山峁峁间落地生根，不断改变着老区的贫穷面貌。比如，在易地搬迁方面，延安的成就也非常大。易地搬迁，就是把贫困户从原来居住条件和环境比较差的地方搬迁到居住条件和环境相对比较好的地方。一般来说，搬迁房如果是城镇中的商品房，则在政府补贴的基础上由贫困户购买，如果是在集镇上，则由当地政府投资修建，之后以非常低的价格卖给贫困户，并在一定的时间后让渡产权。俗话说，"树挪死人挪活"。赵巧转是子长县安定镇二十里铺村贫困户。她是在 2018 年 12 月 19 日分到的移民搬迁新房，新房内干净明亮，安装有天然气壁挂炉供暖。搬到新房后，赵巧转开心极了，高兴地说："以前住的是窑洞，冬天烧柴火取暖，烟熏火燎的不说，还经常受冷。现在好了，按钮一开，想要多少度就多少度，方便、干净，条件比原来窑洞好多了！"像赵巧转这样的搬迁户还有很多很多。2016 年时，延安一次性启动建档立卡的 15040 户 49547 人易地扶贫搬迁项目，农村 3.09 万个危房户住进安全住房。与此同时，通过改水改厕和垃圾无害化处理，全市 693 个贫困村的所有贫困户住房条件、人居环境和精神面貌发生了显著变化，提振了贫困群众脱贫致富的信心，也振奋着贫困群众的精气神，奏响了一曲"人定胜天""制天命而用之"的新时代奋斗之歌。

二、充分发挥市场的作用

在政府充分发挥基础性、导向性作用的基础上，还需要依靠市场的作用，需要通过市场机制让产品和服务动起来，推动非公有制经济的发展，让经济活起来，让生活的质量和水平高起来。延安的发展同样离不开市场机制的支撑和市场关系作用的充分发挥。

在市场资源配置作用不断充分发挥出来的过程中，延安的非公有制经济在脱贫致富实践中不断发展，使市场的多种主体活跃了起来。在延安这样一个历史上相对闭塞的地方，由于交通上的长期不便和市场环境建设滞后，非公有制经济发展非常缓慢。20 世纪 80 年代中后期，随着改革开放的深入，延安的民营经济在个体经济恢复发展的基础上也逐步开始从无到有、由小到大地发展起来了。虽然，总体上说，比起全国、全省的发展，延安的非公有制经济发展还是比较慢，但延安的非公有制经济特别是民营经济无论在产值上、对经济的贡献上还是在拉动需要方面，都在不断提高，与延安市场环境、交通条件的改善总体上是一致的。经过近 20 年的发展，截至 2013 年底，全市非公有制经济单位达到 7.83 万户，从业人员达到 31.43 万人，经济增加值达到 266.65 亿元，出现了一批像延安王家坪实业有限公司、甘泉八千里豆腐干有限公司、志丹羊绒精梳厂、吴起县五鑫实业有限责任公司等一批具有相当规模和发展前景的私营企业。

进入新时代后，延安在实践创新、协调、绿色、开放、共享的发展理念和推动"保增长、保稳定、保民生"过程中，随着整体发展环境不断改善和优良化，非公有制经济跟着不断发展。到 2015 年，全市非公有制经济实现增加值 280.51 亿元，占 GDP 比重达到了 23.4%。三年后，到 2018 年，全市非公有制经济实现增加值 456.82 亿元，占 GDP 比重达到 29.3%，2018 年全市新注册市场主体 4.3 万户，新增私营企业 0.74 万户，新增个体工商户 3.4 万户，必康制药股份有限公司、英雄互娱集团、新三达膜技术有限公司、八九八创新空间科技有限公司等知名企业纷纷落户延安，开拓市场业务。我们可以从中看到延安脱贫致富实践过程中欣欣向荣的市场关系，而在这个背后起决定作用的则是市场对资源配置作用的发挥，也就是说，人们可以自由地在市场上得到自己从事生产和服务的各种资源。延安近些年非公有制经济的发展还呈现出新的时代特点。通过大力调整产业结构，着力培育新的增长点，促进服务业加快发展，互联网金融异军突起，电子商务、物流快递等新业态快速成长，极大地促进第三产业快速发展。

龙飞集团是 2009 年在延安注册成立的一个非公有制的企业。在延安的 10 多年经营中，该集团由单一的建筑工程向建材生产、酒店、医院等多产业发展，旗下 5 家企业——龙飞建筑安装公司、搅拌站、建材厂、宝塔山医院、龙飞盛世国际酒店共有员工 1000 余人。2014 年时，龙飞集团年产值、营业额就突破 3 亿元，年纳税额近 1000 万元，为延安经济发展作出了巨大贡献。在利用互联网提高非公有制经济的市场竞争力量方面，延安这些年也走得非常快。2015 年，延安开始启动了"阿里年货节——延安 1938 线下年货展销会"。这是利用"互联网 +"的方式推动特色农产品销售、把延安的特色农产品销向全国各地。目前，这一方式借助淘宝网的电子商务平台，已升级成为四钻店铺，吸引知名商户积极参与，特设 29 家铺位、14 个摊位。位于吴起县的吴起谷农优品董事长乔琴曾经开过火锅城、卖过纯净水，近些年来，通过政府政策支持，她创办了谷农优品农业科技有限公司，目前注册了 3 家淘宝店和 2 家实体店，将马铃薯粉条、黄芥油、荞麦及苦荞香醋等延安的特产销往全国各地。通过"互联网 +"，延安的市场与全国的市场和消费紧紧地联结在了一起。

饮水必须思源。在发展起来后，非公有制经济积极投身到延安脱贫攻坚的实践中。近些年来，非公有制企业通过踊跃捐款捐物，提供工作岗位，参与扶贫帮困和贫困生、残疾人救助等慈善事业，累计为扶贫帮困、希望工程等社会公益事业及新农村建设捐款捐物达 3 亿多元，资助贫困学生及失学儿童 1 万多人，成为延安走向脱贫致富过程中一支重要的、不可或缺的社会力量。

三、充分发挥好扶贫干部的作用

扶贫干部，即从党和政府部门、国有企事业单位向贫困地区有组织、有计划地大规模派遣干部进行挂职或担任驻村干部，专门负责本区域脱贫攻坚工作并加强农村党支部的战斗力和凝聚力建设，这是党的十八大后脱贫攻坚斗争中形成的重要的制度性现象，也是脱贫攻坚工作在组织和制度上的一个重大创新，集中体现了中国共产党领导的中国特色社会主义集中力量办大事、办急事的显著优势。根据 2018 年 2 月习近平总书记在打好精准脱贫攻坚战座谈会上的讲话中引用的数字，党的十八大以来，全国累计派出 43.5 万名干部担任第一书记，派出 277.8 万名干部驻村帮扶。目前，在岗第一书记 19.5 万人，驻村干部 77.5 万人。习近平总书记高度评价了这支队伍为脱贫攻坚取得决定性进展、解决贫困村基层领导和组织力量不足的问题发挥的重要战斗作用，指出："这些同志肩负重任，同当地基层干部并肩战斗，带领贫困群众脱贫致富，用自己的辛苦换来贫困群众的幸福，有的甚至献出了宝贵的生命，诠释了扶贫干部的担当和情怀。"①

在全国脱贫共建总结表彰大会上，习近平总书记进一步高度肯定了扶贫干部的积极贡献，指出扶贫干部们"同近万名乡镇干部和数百万村干部一道奋战在扶贫一线，鲜红的党旗始终在脱贫攻坚主战场上高高飘扬。"②

好钢用在刀刃上。扶贫干部在延安的脱贫实践中起了重大的作用。党的十八大以来，延安坚持把最优秀的干部派到脱贫攻坚第一线，先后派出了 153 名县级后备干部到脱贫攻坚一线锻炼，1784 名优秀干部担任驻村第一书记，派出驻村工作队 1546 个，3.74 万名干部开展联户帮扶。在此基础上，延安还先后选拔 198 名有拼劲、懂扶贫、会扶贫、能吃苦的优秀干部进入乡镇领导班子，充实了乡镇抓脱贫攻坚的工作力量；选好农村干部"扶贫战斗员"，从乡村致富带头人、返乡创业人才、合作社负责人、大学生村官等优秀人才中选拔

---

① 《习近平谈治国理政》第三卷，外文出版社 2020 年版，第 149 页。

② 习近平：《在全国脱贫共建总结表彰大会上的讲话》，《人民日报》2021 年 2 月 26 日。

188人进入村"两委"①班子，增强了村级班子带领群众脱贫攻坚的战斗力，体现了在脱贫攻坚过程中集结精锐、尽锐出战形成的强大制度性力量。干部苦帮，群众苦干，成为了延安脱贫攻坚战场上的一幅感人画面，也彰显了中国制度的显著优势。

田婷2017年7月被分配到延安市延川县永坪镇黄家圪塔村担任第一书记。黄家圪塔村的全村人都住在沟道里，山大沟深、土壤贫瘠。喝的是碱性水，走的是红泥路。村里的年轻人几乎都外出了。在延安精准扶贫的规划下，黄家圪塔村的包扶单位给村里建起231座温室大棚。可是，祖祖辈辈种粮的老乡，没人种过大棚菜。村干部一家一户上门做工作，最初只有47户人勉强答应，逼得村干部想要用抓阄来分配。一切从零开始。不会种，苗子很快死掉；不会管，西瓜总也长不大；好不容易收获了，果蔬却时常卖不出去。一个叫作张志恩的贫困户就编了句顺口溜，自嘲自怨说："4座大棚种一年，卖了不到1万元。成本刨了算一算，又白忙活了一年！"面对贫困户的抱怨，田婷终于想出了法子。她在网上查找资料，加强学习，跑到县里请来专家和技术员实地培训，讲一次群众听不懂，她就厚着脸皮再去请。培训搞到第9次时，再不灵光的脑袋也开窍了。2018年，全村大棚收入达300多万元，种大棚的15户贫困户，人均收入超过1万元。收成和收入稳定后，村子也开始发生了变化。道路硬化了，自来水入户了，卫生厕所也得到了改造，院落围墙也被美化了。驻村一年多之后，田婷交出了这样的成绩单：55户贫困户，只剩下4个社保兜底人口。脱贫户几乎家家都有产业，2018年底，黄家圪塔村实现整村脱贫退出。

---

① 中国农村中的"两委"就是中国共产党支部委员会和村民自治委员会的简称，前者简称为"村支部"，后者简称"村委会"。村支部的职能主要是宣传共产党政策、推动党的路线方针政策在基层的落实。村委会是村民民主选举的自治组织，带领农村发展和村民致富，并协助乡镇政府工作，但不属于国家机关。

　　杨启卫是延安市吴起县吴仓堡镇王元沟村驻村干部，因为经常穿着迷彩服和乡亲们一起干活，所以被大伙亲切地称为"迷彩书记"。刘兴全是王元沟村的一户贫困户，患有残疾，妻子因车祸离世多年，家有年迈的母亲和上学的孩子，家庭经济十分困难。根据刘兴全的实际情况，杨启卫争取县镇补助资金 1.5 万元，并从银行贷款 3 万元，帮助刘兴全购买了 12 头牛、8 头猪崽进行养殖。如今，除了在周边打零工挣钱，刘兴全还能领到国家政策性补贴，再加上有了牛和猪崽，家庭年收入由过去的 5000 元增长到 1 万元左右。刘兴全在回想起这几年的生活时说："慢慢往起来发展，不可能一口吃成胖子，今年做猪圈的时候，杨启卫来了好几回，有时还给我妈帮忙做饭，现在遇不到这样的年轻干部了，我总觉得这些娃娃蛮可以。"在杨启卫的积极努力下，王元沟村各项工作有序开展，短短半年实现发展养猪户 6 户、养猪 100 头，养牛大户 1 户、养牛 12 头；重建苹果 109 亩；新修水窖 2 户，打水井 3 户，帮贫困户办理小额扶贫贷款 5 户 13 万元。

　　田婷、杨启卫只是许许多多扶贫干部中的两个代表，但在这两个人的身上却鲜明地映衬出了延安脱贫致富的实践中扶贫干部的艰辛付出和人生情怀。根据全国的统计，到 2019 年 6 月，全国有 770 多名扶贫干部牺牲在脱贫攻坚的战场上。到脱贫攻坚任务完成时，则有 1800 多名干部"将生命定格在了脱贫攻坚征程上。"[①]"为有牺牲多壮志，敢教日月换新天。"这是 1959 年毛泽东一首诗中的两句话，说的是在中国革命胜利过程中，中国人民的斗争勇气和牺牲精神。在扶贫干部的身上，人们同样可以看到毛泽东说的这种斗争勇气和牺牲精神。在驻村扶贫第一书记这个特殊群体的积极努力、推动和资源协

---

① 习近平：《在全国脱贫共建总结表彰大会上的讲话》，《人民日报》2021 年 2 月 26 日。

调下，延安贫困地区的一个个项目得到了落实，一项项措施得到了实施，制约延安发展的短板一块块地被补上了，路也开始越走越宽。2015 年以来，延安贫困地区新修、整治道路 589 处 2551.8 公里，实现了全部通沥青（水泥）路。网越铺越广，延安实现全市贫困户广播电视全覆盖，全市农村 4G 通信信号全覆盖，行政村光纤覆盖率达 80% 以上。

延安时期，毛泽东在讲到党员与群众的关系时说："我们共产党员，无论在什么问题上，一定要能够同群众相结合。如果我们的党员，一生一世坐在房子里不出去，不经风雨，不见世面，这种党员，对于中国人民究竟有什么好处没有呢？一点好处也没有的，我们不需要这样的人做党员。"① 扶贫干部在新时代脱贫攻坚伟大斗争中，再次以新的方式践行了中国共产党对党群关系和党的群众路线、群众工作方法的根本要求，在领导当地群众脱贫致富奔小康的斗争中经了风雨，见了世面，既推进了决战决胜脱贫攻坚工作发展，又锻炼了自己的思想意识，推动着新时代党的干部队伍建设质量和水平不断提高，使党在农村得执政基础更加巩固。

第四节 脱贫攻坚精神是对人类精神的新贡献

延安脱贫致富的过程是物质领域中创造和积累财富与精神领域中创造和积累财富的有机统一。在脱贫致富过程中，延安人民不断传承和弘扬延安精神，在把延安精神与脱贫攻坚任务相结合过程中为精准扶贫贡献了"延安答卷"。这个答卷既是写给今天，更是写给未来，

---

① 《毛泽东选集》第三卷，人民出版社 1991 年版，第 933 页。

既是写给中国，同样也是写给世界的，它所展示的是中国人民的伟大脱贫攻坚精神。"脱贫攻坚伟大斗争，锻造形成了'上下同心、尽锐出战，精准务实，开拓创新、攻坚克难，不负人民'的脱贫攻坚精神。"①脱贫攻坚精神是对中国开展脱贫攻坚伟大实践的精神反映，是中国共产党对人类精神的新贡献，也是人类精神在中华大地上绽开的一朵新的精神花朵。

一、上下同心、尽锐出战彰显了敢于梦想和勇于实现梦想的历史追求

中国共产党创造的脱贫攻坚精神首先是敢于梦想和勇于实现梦想的历史追求。消除贫困，自古以来就是人类梦寐以求的理想。自有人类社会以来，世界上各个民族的进步力量就不断致力于消除贫困的伟大事业，并在不同的历史条件、发展环境和社会制度的基础上形成对消除贫困的不同思考和实践探索，成为人类文明发展史的重要内容。中华民族在几千年文明史上也在不停顿地思考、探索如何摆脱贫困和实现共同富裕这一课题，积淀和塑造出了中华民族发展史上绵延不绝的伟大的梦想精神。对于许多美好的事物，即便是在当时的条件下无法实现，但中华民族对美好事物的向往和追求从来没有停止过，并且在不断地创造条件推进梦想的实现。

在伟大梦想精神的推动下，中国人构建出"大同世界""小康社会"等一个个美好的社会蓝图，描绘出一幅幅没有贫困、共同富裕、其乐融融、人们之间彼此相亲相爱的美好社会画卷。这些美好的社会

---

① 习近平：《在全国脱贫共建总结表彰大会上的讲话》，《人民日报》2021 年 2 月 26 日。

蓝图和社会画卷，使得中华民族在自己发展过程中不论处于什么样的发展阶段上，都不懈地为心中的梦想奋斗着。历史表明，中华民族不仅敢于梦想，而且勇于实现梦想。"中国人民相信，山再高，往上攀，总能登顶；路再长，走下去，定能到达。"①经过了几千年的历史锤炼，中华民族养成了勇于实现自己梦想的精神品质，并把这种精神品质贯穿在中国人民事业发展的历史进程中。中国共产党成立后，把继承和发展中华民族这种伟大的梦想精神作为自己的重要历史任务，以为民族谋复兴、为人民谋幸福为初心和使命，把伟大的梦想精神与中华民族伟大复兴的中国梦紧紧地融合在了一起，带领着中国人民不断为民族解放和国家繁荣发展的事业奋斗，为实现民族的伟大梦想不断创造着越来越多、也越来越厚实的条件。

在伟大梦想的引领下，中国共产党的上下同心、尽锐出战的气概在推动减贫事业上作出了杰出的具有人类史意义的贡献。当代的中国人过上了他们的祖辈、父辈们做梦都不敢想象的生活，但是富于梦想精神的中国人民并不满足于贫困的减少，而是发出了在中华大地上彻底消灭绝对贫困的豪壮宣言。通过新中国70多年的发展，中国人民发现富裕和贫困并不像一些人认为的那样，是一种自然现象，一些人要过富裕的生活，另一些人就非要过贫困的生活不可。因此，不论是在什么样的发展阶段上，中国共产党都坚定地把共同富裕作为中国社会发展的重要目标之一，并始终坚持从社会主义本质论的高度来把握这一目标。70多年来，变化了的是实现共同富裕的手段，而不是这一目标本身。随着新中国的发展，中国人民对实现这一目标的信念越来越坚定。"让实现全体人民共同富裕在广大人民现实生活中更加充分地展示出来"②，这

---

① 《习近平谈治国理政》第三卷，外文出版社2020年版，第141页。
② 《十九大以来重要文献选编》（上），中央文献出版社2019年版，第391页。

是进入新时代后中国的雄心壮志和庄严历史承诺。

党的十九大报告指出："经过长期努力，中国特色社会主义进入了新时代。"这开启了中国反贫困的新时代，中国最终打响了彻底消灭贫穷的脱贫攻坚战，"这在中华民族几千年历史发展上将是首次整体消除绝对贫困现象。"[1] 党的十八大以来，中国脱贫攻坚力度之大、规模之大，影响之深、成就之大，前所未有，谱写了人类反贫困历史的新篇章。2012 年末，中国贫困人口为 9899 万人，到了 2019 年末，全国贫困人口下降到了 551 万人，贫困发生率由 10.2% 降至 0.6%，连续 7 年每年减贫 1000 万人以上。2020 年，中国实现了现行标准下农村贫困人口脱贫，消除绝对贫困，832 个贫困县全部摘帽，彻底解决了区域性整体贫困。这将为全面建成小康社会以及乘势而上，开启全面建设社会主义现代化新征程奠定坚实的基础，推动着中华民族在实现共同富裕这一几千年来的伟大梦想过程中跨出具有决定意义的一步。这正如习近平总书记所高度评价的那样，"世界上没有哪一个国家能在这么短的时间内帮助这么多人脱贫，这对中国和世界都具有重大意义。"[2]

1949 年，新中国成立前夕，毛泽东在评价中国近代史上著名历史人物康有为时说："康有为写了《大同书》，他没有也不可能找到一条到达大同的路。"[3] 康有为的《大同书》是近代中国空想社会主义思想的集大成者，这一著作梦想性地描述出了一个美轮美奂的人间太平世界。在近代中国积贫积弱的社会条件下，康有为不可能找到实现他所梦想的美好社会的道路，但在新中国成立后，在中国共产党领导下，随着社会主义制度的确立和不断完善，中华民族在自己的历史上

---

① 《习近平新年贺词（2014—2018）》，人民出版社 2018 年版，第 4 页。

② 习近平：《在决战决胜脱贫攻坚座谈会上的讲话》，《人民日报》2020 年 3 月 7 日。

③ 《毛泽东选集》第四卷，人民出版社 1991 年版，第 1471 页。

才第一次拥有了建立一个美好社会的历史条件，也才能为民族的梦想实现开辟越来越宽阔的道路。正是怀揣着这种梦想精神，中国在开展脱贫攻坚过程中能够做到一以贯之、慎终如始，把党与人民、干部与群众、中央与基层紧密地团结起来以上下同心，把党的优秀干部放在脱贫攻坚战场最前沿以尽锐出战，能够用巨大的历史毅力和牺牲精神推动脱贫攻坚任务，在为全面小康社会目标奋斗的过程中一点一点地消除绝对贫困，一点一点地推动实现共同富裕的伟大梦想，从而在人类发展史上生动地彰显出了中华民族的梦想精神及其深刻蕴含的伟大力量。

二、精准务实、开拓创新彰显了实事求是的科学品格

中华民族既是一个怀有伟大梦想的价值理性民族，又是一个高度崇尚实际的实践理性民族，形成了总是能够以不尚空谈、务求实际的科学态度来实现理想追求的民族品质，既反对泥古不化，又反对只能看到眼前和当下。北宋理学家程颢说："苟或徒知泥古而不能施之于今，姑欲徇名而遂废其实，此则陋儒之见，何足以论治道哉！然倘谓今之人情，皆已异于古，先王之迹，不可复于今，趣便目前，不务高远，则亦恐非大有为之论，而未足以济当今之极弊也。"① 这里反映出来的正是中华民族把理想追求融入经世务实之中的民族品性。这种民族品性在近代以后，在马克思主义的指导下形成了中华民族的实事求是的科学品质，也构成了中国脱贫攻坚战中鲜明呈现出来的精准务实、开拓创新精神的科学底蕴。

对中国共产党人来说，实事求是是一条思想路线、工作方法和领导方法，是中国共产党认识世界和改造世界的根本要求，集中解决的

---

① （宋）朱熹、吕祖谦：《近思录》，中州古籍出版社 2008 年版，第 324 页。

是中国共产党作为一个政党在整体上如何进行思考、如何认识理论和实践关系、如何把解释世界与改变世界相统一的重大问题，形成了中国共产党人一切从实际出发、理论联系实际、坚持从实践中检验和发展真理的特有认识方法论，在根本上决定着中国共产党领导的人民事业的兴衰成败。中国共产党要坚持好实事求是的科学品质，必须要走好群众路线，坚持立足实际，从群众中来，到群众中去的工作路线，把群众的要求和意愿上升为党和国家的发展政策，从而不断满足人民群众对美好生活的需求。对中国人民来说，实事求是则是一种内在的朴实的认识方法。中国人民总是根据自己所处的实际情况来进行自己的思考，形成自己的判断并根据自己生活的改善来检验执政党各项政策的效果。在中国以消灭绝对贫困为目标的脱贫攻坚的整个过程中，无论是在中央层面还是在地方层面，无论是国家的决策还是人民群众的行动，都充满着实事求是的科学品质，并表现为精准务实、开拓创新的脱贫攻坚的基本方法论思维，贯穿在对脱贫攻坚的标准、过程和方略的思考和实践中。

从脱贫标准来看，中国的脱贫标准并不是凭空想象出来的，也没有对西方国家进行照抄照搬，而是独立自主地坚持根据中国人民的实际生活水平进行设定并不断根据经济和生活水平的提高而变化。2012年中国的脱贫标准是农民人均纯收入为2300元，到2020年，根据不断发展的经济条件，这一标准则增长到4000元。同时，更为重要的是，在中国脱贫攻坚中在对贫困人口精准识别的基础上，更加重视对贫困人口实际生活内容的保障和获得收入能力的提高。因此，始终坚持把"两不愁三保障"作为脱贫的根本依据，即贫困人口不为吃、穿而发愁，在医疗、教育、住房上有保障。全国建档立卡贫困户人均纯收入由2015年的3416元增加到2019年的9808元，年均增幅30.2%。与世界上其他地方比较起来说，这也是一个非常高的标准。

在此基础上，中国坚持把脱贫与农业发展和农民收入稳定增长紧紧地联系在了一起，用发展的手段来推动脱贫工作的创新型开展，同时也把实现脱贫作为推动区域均衡发展的手段。

从脱贫攻坚的整个过程来看，中国紧紧围绕着"扶持谁""谁来扶""怎么扶"三个基本问题进行思考和规划脱贫攻坚战，科学地、实事求是地回答了脱贫攻坚的对象、领导、道路等一系列重大问题，特别是在解决"怎么扶"的问题上，中国在积极发展针对贫困地区、贫困人口的慈善事业的同时，又把扶贫与慈善做了本质性的区分，反复强调扶贫不等于搞慈善，根据各地不同发展实际，科学规定了"五个一批"的精准脱贫战略，即发展生产脱贫一批、易地搬迁脱贫一批、生态补偿脱贫一批、发展教育脱贫一批、社会保障兜底脱贫一批。这"五个一批"的精准脱贫战略既具有一般性又具有对不同区域发展实际和比较优势的巨大包容性。同时，又高度强调脱贫攻坚的精准性。"所谓贫有百样、困有千种。过去那种大水漫灌式扶贫很难奏效，必须采取更精准的措施。"[1]在强调精准识别贫困人口的基础上把扶贫工作精准到村、到户、到人，是新时代脱贫攻坚的全新要求和全新特点，鲜明彰显出了中国脱贫攻坚战的实事求是的科学性，也在客观上决定了中国特色扶贫道路的科学性。

从脱贫攻坚的实际效果来看，中国脱贫攻坚战的最大特点在于，这场特殊的战争不是单一向度的，而是与发展方式的转型和创新紧密结合在一起的，是立足新时代的"实事"，不断努力深化探索以"求"新时代中国特色社会主义经济社会发展的"是"。也就是说，脱贫攻坚在本质上是对新的发展方式的攻坚，是在脱贫的过程中形成新产业、新业态、新动能的过程，在深层次上是对国家经济发展质量和水

---

① 《习近平扶贫论述摘编》，中央文献出版社 2018 年版，第 75 页。

平的整体性提升。因此，中国始终都强调对脱贫工作的产业支撑及其对贫困人口收入的持续拉动。这在世界扶贫工作发展史上，无论是在理论上还是实践上，都是伟大的具有人类史意义的创新，对人类走出贫困贡献了中国智慧、中国判断和中国方案，"创造了减贫治理的中国标本。"① 作为始终贯穿在中国脱贫攻坚中的一条精神主线，精准务实、开拓创新所反映来的实事求是的科学品格体现出中国人民认识贫困和治理贫困的独特思维方式，构成了中国脱贫攻坚精神的重要内容。

一个在历史上位于前列、勇于奋斗的政党，也一定是在精神上位于前列、永不懈怠的政党。中国共产党领导的脱贫攻坚战中彰显的精准务实、开拓创新精神，以致力于探索新的人类文明形态的新实践把中国共产党人实事求是的科学品质呈现了人类精神发展史的前沿。

三、攻坚克难、不负人民彰显了艰苦奋斗、百折不挠的创业毅力和人生意气

在艰苦奋斗中创业，以百折不挠的毅力推进事业的发展是中华民族和中华文明得以繁荣发展、生生不息的根本力量，也是中华民族始终能够自立于世界民族之林的根基。战国时期屈原在《离骚》中说："吾令羲和弭节兮，望崦嵫而勿迫。路漫漫其修远兮，吾将上下而求索。"反映的就是中国人民干事创业中的艰苦奋斗、百折不挠的坚韧和毅力。这种创业毅力同样贯穿在中国共产党治国理政的整个过程中，贯穿在中国的脱贫攻坚中，形成了脱贫攻坚精神的重要内容。"中华民族历史上经

① 习近平：《在全国脱贫攻坚总结表彰大会上的讲话》，《人民日报》2021年2月26日。

历过很多磨难，但从来没有被压垮过，而是愈挫愈勇，不断在磨难中成长、从磨难中奋起。"①艰难困苦的磨炼既养成了中华民族艰苦奋斗、百折不挠的创业毅力，又通过这种创业毅力不断推动人民事业的发展，以攻坚克难、不负人民的精神聚集起了中国人民在新的条件下打赢脱贫攻坚战的强大力量。

在脱贫攻坚战打响后，中国就充分认识到这将是一场极其艰难的事业，是一场特殊的人民战争，"考验着我们的精神状态、干事能力、工作作风"②，这也在客观上要求把攻坚克难的精神作为整个脱贫攻坚的精神主旋律高扬起来。正是在这个意义上，习近平总书记在领导部署这场战争过程中反复强调指出，作为这场战争指挥员的中国共产党必须要充分认识到"打赢脱贫攻坚战，不是轻轻松松一冲锋就能解决的，全党在思想上一定要深刻认识到这一点"③。即便在受到新冠肺炎疫情严重考验的情况下，中国在部署统筹推进新冠肺炎疫情防控和经济社会发展工作时依然坚定地把脱贫攻坚摆在重要的战略位置，坚定地指出："今年脱贫攻坚要全面收官，原本就有不少硬仗要打，现在还要努力克服疫情的影响，必须再加把劲，狠抓攻坚工作落实。"④对于被帮扶的贫困群众来说，更需要具有攻坚克难的精神，就是说必须要充分认识只有依靠自己的手获得的幸福才是真实的和可靠的。"幸福不会从天降。好日子是干出来的。脱贫致富终究要靠贫困群众用自己的辛勤劳动来实现。"⑤习近平总书记的这些重要论述为脱贫攻坚战

① 习近平：《在统筹推进新冠肺炎疫情防控和经济社会发展工作部署会议上的讲话》，人民出版社 2020 年版，第 29 页。

② 《习近平扶贫论述摘编》，中央文献出版社 2018 年版，第 39 页。

③ 《十八大以来重要文献选编》（下），中央文献出版社 2018 年版，第 33 页。

④ 习近平：《在统筹推进新冠肺炎疫情防控和经济社会发展工作部署会议上的讲话》，人民出版社 2020 年版，第 20 页。

⑤ 《习近平扶贫论述摘编》，中央文献出版社 2018 年版，第 136 页。

的展开和持续推进提供了重要的精神武装。

天行健，君子以自强不息。在充分的精神准备下，全党聚焦共识，汇集力量，广泛进行社会动员和有效的组织，以不获全胜决不收兵的坚定态度，以咬定青山不放松的刚强毅力，持续性地领导广大人民群众扎扎实实地开展脱贫攻坚，不断改进和创新扶贫的工作方式方法，改变了简单给钱、给物、给牛羊的做法，既不大包大揽，也不包办代替，转而采用生产奖补、劳务补助、以工代赈等机制，因地制宜地发展新的产业形态，想方设法地提高农产品的附加值，在创新外部扶持条件和扶植体系过程中不断强调自力更生、艰苦奋斗，教育和引导广大群众用自己的辛勤劳动实现脱贫致富，迸发出了团结群众一起啃硬骨头的冲天干劲和创造人民自己的历史的主体意识。广大贫困群众在脱贫攻坚过程中则自觉地把自己作为脱贫攻坚的主力军，把脱贫致富的重点放在自己的辛勤努力和探索创新上，展现出中国人民贵在自立、重在自强的优秀品质，在脱贫攻坚战场上的一场场战斗中的攻坚克难精神，生动地展现出了艰苦奋斗、百折不挠的创业毅力。

沧海横流，方显英雄本色。脱贫攻坚是干出来的。正依靠这种创业毅力，中国在短短的几年时间里消除了中华大地上的绝对贫困。扶贫道路上充满了扶贫的干部、高校和科研院所的科技人员和教育工作者，他们与当地的群众紧紧团结在一起，他们不停地在思考和探索摆脱贫困的出路和走向富裕的道路。没有比人更高的山，没有比脚更长的路。许许多多的人的力量拧成一股绳，就开始汇成改造自然、摆脱贫困的磅礴力量，推动着贫困地区如同雨后春笋冒出来了许多全新的产业形态、富有创意的家庭农场、新修的宽敞道路、实现易地搬迁新建的房屋以及拔地而起的新学校、新医院。"贫困群众既是脱贫攻坚的对象，更是脱贫致富的主体。"①广大贫困人口在脱贫攻坚实践的历史创造性和发展主体性被充分地调动了起来，中国脱贫攻坚战所取得的伟大成就历史再一次充分证明，这是脱贫攻坚战真正的伟力，而支撑这一伟力的则是中国人民从历史上传承下来并在现实中不断发展的艰苦奋斗、百折不挠的创业毅力。

历史有自己的规律，但这一规律又是通过人的奋斗表现出来的，是规律性和人的选择性以及人同时作为历史的客体和主体的辩证统一。孟子说的"天视自我民视，天听自我民听"也是这个意思。这说明，历史从来就不是冷冰冰的，而是充满着人与人之间的真情和真爱。作为由无数人意志相互作用和相互影响的过程和结果，历史是物质发展过程和精神发展过程的统一，中国脱贫攻坚战的历史也是这样的。脱贫攻坚战是一项提升中国全面小康社会建设水平的繁重发展任务，同时也是一项润泽近 1 亿贫困人口的伟大的德政工程，"谱写了人类反贫困的新篇章"②。这是许许多多的人在为贫困人口脱贫而付出并为之牺牲的斗争中书写不负人民的人生意气的奋斗过程，这是中国精神在脱贫攻坚战场上的时代呈现和接续书写。

在中国政治史上，德在国家发展中具有十分重要的地位。古人说："善为国者，遇民如父母之爱子，兄之爱弟，闻其饥寒为之哀，见其劳苦为之悲。"（西汉刘向《说苑·政理》）"天下之兴乱，不在一姓之兴亡，而在万民之忧乐。"（黄宗羲《明夷待访录》）这种爱民忧民的传统，经过几千年的文化传承在中国共产党治国理政过程中得到了一以贯之的坚持和发展，构成了中国共产党精神体系的深层文化底蕴和对中国发展道路的强大文化自信，形成了中国共产党坚强的人民

---

① 《习近平关于社会主义经济建设论述摘编》，中央文献出版社 2017 年版，第 240 页。
② 《习近平谈治国理政》第三卷，外文出版社 2020 年版，第 148 页。

立场。党的十八大后，习近平总书记反复强调指出："我们党来自人民、植根人民、服务人民，党的根基在人民、血脉在人民、力量在人民。"①在人民立场的强大价值理念激励下，中国共产党领导广大人民群众在脱贫攻坚的战场上奋力书写着不负人民大爱大德大情怀。习近平总书记在讲到对革命老区的扶贫工作时，深情地说："加快老区发展步伐，做好老区扶贫开发工作，让老区农村贫困人口尽快脱贫致富，确保老区人民同全国人民一道进入全面小康社会，是我们党和政府义不容辞的责任。对这个问题，我一直挂在心上，而且一直不放心，所以经常讲这个问题。"②朴实叙述的背后生动地呈现出习近平总书记内心深处的大爱大德大情怀，这也是中国共产党和中国人民的人生意气和人民情怀的集中体现。青年毛泽东在思考和探索对世界和中国的改造时豪迈地说："会当击水三千里，自信人生二百年。"这种豪迈的人生意气融入了中国人民的历史事业中被不断传承下来，激励着脱贫攻坚战中无数战士们一往无前地推动目标的实现，也创造着属于自己的人生辉煌。在中央集中统一领导下，千千万万的党员干部形成了一个强烈意识和共识：只要还有一家一户乃至一个人没有解决基本生活问题，我们就不能安之若素；只要群众对幸福生活的憧憬还没有变成现实，我们就要毫不懈怠团结带领群众一起奋斗。正如一名扶贫干部说的那样，"没有抓过脱贫的干部，人生是不完整的！"脱贫攻坚为许许多多的人在脱贫攻坚战中扬展人生抱负提供了宽阔的战斗平台，鼓励着人们为了这场人类史上的壮丽事业去付出、探索甚至是牺牲，因为他们心里都深深地埋着对人民的大爱大德大情怀。

脱贫攻坚战中中国人民呈现出来的不负人民人生意气既具有民族

---

① 《十八大以来重要文献选编》（上），中央文献出版社 2014 年版，第 309 页。
② 《习近平扶贫论述摘编》，中央文献出版社 2018 年版，第 7 页。

性，又具有人类性。中国在推动发展的过程中深刻地认识到，既要"把自己发展好，也帮助其他国家发展好。大家都好，世界才能更美好"①。新中国成立以来的巨大发展和在脱贫攻坚中取得的伟大成就，为人类战胜贫困，为发展中国家寻找稳定、持续的发展道路提供了成功借鉴，使新时代中国发展的世界吸引力不断增强。习近平总书记指出："中国人民历来富有正义感和同情心，历来把自己的前途命运同各国人民的前途命运紧密联系在一起，始终密切关注和无私帮助仍然生活在战火、动荡、饥饿、贫困中的有关国家的人民，始终愿意尽最大努力为人类和平与发展作出贡献。"②这一开阔的发展眼光和人类情怀，客观上决定了脱贫攻坚战中呈现出来的大爱大德大情怀的人生意气不仅是推动中国脱贫攻坚的强大精神力量，也是助力世界减贫事业的强大精神力量，是中国人民在中国脱贫攻坚战场上书写出来的人类精神，"这个成绩属于中国，也属于世界"，③构成了中国人民推动构建人类命运共同体的强大文化自觉和精神追求。

人类命运共同体是正在日益发展和强大起来的中国在科学认识和处理中国与世界关系时形成的新理念，是当代中国的"世界观"，深刻地体现出中华民族5000多年文明史所涵养出来的"天下国家观"的道德主义情怀、中国共产党作为马克思主义政党所具有的"世界历史"的历史主义情怀以及新中国成立以来中国共产党一以贯之强调的中国应该对人类作出更大贡献的人文主义情怀。正是这三种独特情怀的时代交汇和整合，内在地决定了在"人类命运共同体"意识推动

---

① 习近平：《论坚持推动构成人类命运共同体》，中央文献出版社2018年版，第371页。
② 《习近平关于总体国家安全观论述摘编》，中央文献出版社2018年版，第254页。
③ 习近平：《在全国脱贫攻坚表彰总结大会上的讲话》，《人民日报》2021年2月26日。

下，中国作为世界性大国的成长与过去一切世界大国的形成有本质性的不同。在人类命运共同体理念的引领下，中国积极地把自己的发展转变成其他国家特别是发展中国家的发展机遇，通过中国的发展来推进其他国家的发展，提高全球贫困治理的能力和水平。2015 年 12 月，习近平主席在中非合作论坛约翰内斯堡峰会开幕式上的致辞中说："贫困是动荡的根源，和平是发展的保障，发展是解决一切问题的总钥匙。"①2017 年 1 月 17 日，习近平主席在瑞士达沃斯国际会议中心出席世界经济论坛年会开幕式的讲话中进一步指出："中国人民深知实现国家繁荣富强的艰辛，对各国人民取得的发展成就都点赞，都为他们祝福，都希望他们的日子越过越好，不会犯'红眼病'，不会抱怨他人从中国发展中得到了巨大机遇和丰厚回报。中国人民张开双臂欢迎各国人民搭乘中国发展的'快车'、'便车'。"② 中国脱贫攻坚中迸发出来的不负人民的人生意气，彰显着中国在为共建一个没有贫困、共同发展的人类命运共同体的道路上的大国担当和努力推动人类社会从"资本命运共同体"向真正的"人类命运共同体"转变的不懈斗争，这是对人类文明史精彩华章新的书写，也让正在迎来从富起来到强起来伟大飞跃的中华民族站在世界历史的高度，更加深刻地思考自己对人类的类生存和类发展的精神价值，从而为人类作出更大、更多的中国贡献。

---

① 习近平：《论坚持推动构成人类命运共同体》，中央文献出版社 2018 年版，第 296 页。

② 《习近平扶贫论述摘编》，中央文献出版社 2018 年版，第 160 页。

结　语

　　2019 年 5 月 9 日，在延安正式宣布脱贫后的两天，《延安日报》刊发了一篇评论文章，题目是《巩固脱贫成果要一鼓作气一拼到底》。文章指出："延安告别绝对贫困，无疑是延安发展史上的一件大事，作为一个阶段的成果，值得所有为之努力的人欢欣鼓舞。因为延安革命圣地的特殊地位，延安告别绝对贫困，又是全国瞩目的一件大事，延安的成功昭示着在党的领导下，坚定信心，真抓实干，任何困难都是可以克服的，任何险阻都是可以跨越的。"延安消除绝对贫困和实现脱贫共富，是延安人民多年努力和奋斗的历史结果，特别是进入新时代后在新发展理念的指导下，以脱贫攻坚为统领，把推动发展与彻底消灭绝对贫困紧紧结合起来取得的重大历史成就，标志着延安的经济社会发展站在了新的起点上，完成了新中国成立后一次新的飞跃和发展嬗变，也为改革开放中的延安在实践中坚持和发展中国特色社会主义道路奠定了新的基础。"冰冻三尺，非一日之寒。"一个事物最后的发展结果往往是在历史上长期积累的产物，什么都不可能是一蹴而就的，从天而降的。那么，延安究竟是如何根除了绝对贫困、是如何在脱贫中实现了共富？是如何实现自身发展的？要了解这些问题，我们就有必要在回顾这个城市近代以来至今的发展路程中去憧憬在中国特色社会主义发展道路上延安更加美好的未来。

一、新起点上的历史回望

与中国西部大多数的地方一样，延安在历史上由于位置偏远，交通不便，对外联系闭塞，加上作为历代兵家必争之地饱受战乱之苦，因此，长期处于贫困落后的发展状态之中。生活在这片土地上的人们则是"质朴少文，信神尚巫，力本务农，坦率愚耿，不事欺诈，有豳岐之遗存焉"①。清朝光绪年间翰林王培棻来陕北三边巡视时写过一首诗《七笔勾》："万里遨游，百日山河无尽头。山秃穷而陡，水恶虎狼吼。四月柳絮抽，山花无锦秀，狂风阵起哪辨昏与昼。因此上把万紫千红一笔勾。"这首诗实际上是对包括延安在内的陕北高原苍凉、贫困、落后的生动写照。19 世纪 40 年代后，在中国进入近代历史发展后，由于整个国家民族的衰落和社会动荡不宁，延安更加是一片衰败。在 20 世纪 30 年代，包括延安地区在内的后来的整个陕甘宁边区② 开垦耕地面积只有 840 万亩，亩产粮食只有 2 斗（1 斗相当于现在的 12.5 斤），工业基础更是薄弱，尽管在 1905 年延安境内就开始开采石油，但每月的出油量只有 3 锅油，从事石油工业生产的人最多的时候也就 100 人左右。生活在这片土地上的人们在艰难困苦中忍受着、煎熬着、生存着，也期盼着。

1935 年，中国共产党领导的中国工农红军经过二万五千里的长征来到了陕北，落脚到了今天延安北部的吴起镇，开始实现了中国革

---

① （清）倪家谦、（民国）郭超群：《安塞县志校注》，上海古籍出版社 2010 年版，第 19 页。

② 中国共产党长征到陕北后，1937 年成立了陕甘宁边区政府，形成以延安为中心，包括陕北、甘肃西部和宁夏一部分在内的陕甘宁边区。

命从逆境中奋起的新斗争。与此同时，也给这片贫瘠落后的土地带来了新生。1936 年，美国记者埃德加·斯诺在采访西北红区写成的著名的《红星照耀中国》一书中描写第一次到延安城看到的情景时说，这是"我在中国见到的最贫困的地区之一"，并详细地描写了他所看到的情景："居民个个面黄肌瘦，店门紧闭货架空空的萧条景象历历在目。食物很少，价格高昂。"①但是，在中国共产党治理下，埃德加·斯诺所看到的这种局面很快就开始消失了，一个具有新鲜生命力的区域开始在中国西北边陲崛起和发展，在中国的版图上熠熠生辉，预示着新中国未来的新生。

为了推动延安的建设和发展，中国共产党到来后发出了"自己动手、丰衣足食"的伟大号召，采取了各种各样方法来扩大生产，领导和动员组织当地群众进行大规模的开垦荒地，扩大了当时以延安为中心的整个陕甘宁边区的耕地面积。1936 年边区的耕地面积为 840 万亩，到 1945 年就大量地增加到了 1425.6 万亩。粮食产量也不断提高，1937 年边区粮食产量为 126 万石，到 1945 年增加到了 1600 万石。另外，还有一点非常重要，就是边区棉花种植面积和产量也不断扩大。1937 年边区棉花种植只有 0.37 万亩，1945 年时增加到了 35 万亩，手中有粮有棉，心中自然不慌。延安人民的生产生活因为中国共产党的到来开始得到很大的改善。

在推动延安发展生产的过程中，这一时期延安各地自发地出现了劳动互助的组织，就是组织群众团结起来一起劳动。主要的劳动互助形式有变工和扎工。变工主要是几家农户之间相互调剂劳力、畜力，在劳动的过程中相互帮忙，以自己的劳动力或畜力轮流给各家种地，结算时多出了人力和畜力的由少出的补给工钱。扎工就是一种集体雇

---

① ［美］埃德加·斯诺：《红星照耀中国》，河北人民出版社 1992 年版，第 24 页。

工组织，把许多短工组织在一起，对外集体出雇劳力。其中有些农民有自己的土地，是为了劳动互助才参加扎工的。这种劳动互助的组织形式对推动延安当地生产和建设起了重要的作用。到1943年时，参加各种互助合作的劳动力占到陕甘宁边区总劳动力33.8万人的28%。1944年，在一些地方达到了80%。在劳动互助的组织基础上，延安各地的粮食产量提高很快。在延安的枣园村，1942年的粮食产量是141.5石，经过劳动互助合作，1943年的粮食产量达到了256.7石，增长了81%。在整个延安南区，1943年的粮食总产量是20900石，其中因为组织变工、扎工而多收的为5290石。这些组织形式在过去的旧社会中也有，但在当时中国共产党领导的解放区和根据地中，它们的内容和形式都发生了重要的变化，成为劳动群众在生产生活中自我组织的一种重要形式。因此，毛泽东在当时就对把人民群众组织起来、形成一支劳动大军的创举进行了高度评价，他说："这是人民群众得到解放的必由之路，由穷苦变富裕的必由之路。"① 在生产生活条件改善的同时，群众的生活也开始逐步好转。埃德加·斯诺的夫人海伦·斯诺在1937年时也访问了延安，通过对矿工生活的采访得知："红军来了后，他们的生活改善了。原来，他们每扛（一扛为100斤）煤只拿4分钱，现在每扛煤能至少得到6分钱。"海伦·斯诺接着说："在矿上，老百姓心里总是说共产党好。"② 群众也能看得起病了。1939—1946年延安共收治病人13866人，治愈13423人，治愈率非常高。在产科方面，共收治产妇3143人，除了1941年因送来时就难产病危而死亡的2人外，其余无一人死亡，而当时国内产妇平均死亡率是1.5%，不能不说，这是一个伟大的奇迹。

---

① 《毛泽东选集》第三卷，人民出版社1991年版，第932页。

② ［美］海伦·斯诺：《延安采访录》，北京出版社2018年版，第150、151页。

人民群众是历史发展的真正动力。在延安这个古老城市走向新生过程中，涌出许多模范的英雄人物和模范事迹。延安城东南 45 公里处有一个地方叫南泥湾，这里原来是野草丛生、荆棘遍野，被人叫作"烂泥湾"。1941 年 3 月，王震带领八路军 120 师 359 旅在南泥湾自力更生地开展起大生产运动。1943 年，生产自给率达到 100%。到 1944 年，359 旅共开荒种地 26.1 万亩，收获粮食 3.7 万石，上缴公粮 1 万石，达到了"耕一余一"。在中国古代，人们向往的美好社会一个重要标准就是：三年耕，必有一年之食；六年耕，必有两年之食；九年耕，必有三年之食。因此，毛泽东在评价这一事情时说："困难并不是不可征服的怪物，大家动手征服它，它就低头了。"① 作为延安精神原生形态重要组成部分，南泥湾精神充分体现了中国人民自力更生、依靠自己的力量改造自然的强大的主体能动作用，反映出延安这座古老的城市获得新生后的喜悦，也反映出人民群众依靠自己的力量对建设一个人民的富裕延安的强大自信。

从 1949 年新中国成立到 1978 年改革开放，是中国历史发展中一段极其重要的历史。在这 30 年的时间里，中国完成了土地制度改革的任务、实现了从新民主主义向社会主义的转变，社会主义制度在中国确立了起来，并开展了大规模的国家建设，为中国的发展奠定了重要的制度基础、物质基础和理论基础。这一时期，延安在新的条件下各方面的建设也得到快速发展。

新中国成立后，延安人口快速发展。1949 年时延安人口为 7.98 万，到 20 世纪 70 年代后期增加到了 23.5 万。人口的快速增长对经济发展提出了许多新的要求，如何养活生活在这片土地上的人民群众，成为一个巨大的压力和考验。就在新中国成立不久，1949 年 10

---

① 《毛泽东年谱（1893—1949）》中卷，中央文献出版社 2013 年修订版，第 477 页。

月 26 日，毛泽东给陕甘宁边区和延安人民回复了一份电文。毛泽东在电文中说："延安和陕甘宁边区的人民对于全国人民是有伟大贡献的。我庆祝延安和陕甘宁边区的人民继续团结一致，迅速恢复战争的创伤，发展经济建设和文化建设。我并且希望，全国一切革命工作人员永远保持过去十余年间在延安和陕甘宁边区的工作人员中所具有的艰苦奋斗的作风。"[1]在毛泽东复电精神的鼓励下，延安人民为改善自己的发展面貌迸发出了冲天干劲。

到 1952 年，延安人民与全国其他地方一样恢复了战争创伤，开始了在"一穷二白"基础上的艰苦创业。1952 年时，延安全市社会总产值达到了 1983 万元，比 1949 年上升 39%。其中，工业总产值达到 43 万元，增加了 2.6 倍，农业总产值 1724 万元，增长 34%，粮食总产量 25320 吨，增长 34%。经济恢复后，在国家帮助和本地群众的努力下，延安在经济社会发展条件十分薄弱的环境中实现了比较快速的发展。

从工业经济来看，这 30 年最突出的一个成就就是建立起了门类较为齐全的工业经济体系。经过 20 世纪 50—60 年代的建设，延安开始具备了一定的工业基础。进入 20 世纪 70 年代后，建立起了 481 个工业企业，工业经济体系逐渐开始齐整，工业总产值增加到了 7803 万元，工业产品从煤炭、电力、砖瓦、陶器、日用玻璃扩大到钢铁、水泥、化肥、炸药、农用化肥、交流电机、丝织品、纺织品、针织品、卷烟等。从农业生产的发展来看，这 30 年，延安在农业建设上也取得了不少的成绩。这一时期，延安的粮食产量到 1978 年时增长到了 51330 万吨，平均粮食亩产量近 100 公斤。而且，在这一时期，延安的农田灌溉网络增加到了 6.2 万亩，农业化肥的使用从无到有，

---

① 《延安各界函毛主席祝贺　毛主席复电致谢》，《人民日报》1949 年 10 月 27 日。

达到了 1331 吨。

非常值得一提的是，这一时期在为农业生产奋斗的过程中，为了提高粮食产量，延安人民在农业耕作制度上实现了重要的制度创新。一是推广"两法"种植。延安地处黄土高原丘陵沟壑区，一直是广种薄收，农业产量不高。在 20 世纪 60—70 年代，延安夏季粮食产量仅为亩产 15—40 公斤，秋季粮食产量也仅为亩产 50 公斤左右。在总结经验的基础上，延安群众开始试点和实施"两法"种植，就是在川、台、坝地上实行垄沟种植和在山地上实行水平种植，简称为"两法"种植。因为这种种植方法根据耕地的状态进行保水、保土和抗旱，开始实现了川、台、坝地和山坡地的稳产和高产。当时，川地作垄沟种植的玉米平均每亩增产 54.45 公斤，山地水平沟种的谷子平均每亩增产 66.45 公斤。由于"两法"种植对于农业增产效果非常明显，从 20 世纪 70 年代起延安就开始大规模的推广，到 1979 年时扩大到 20 万亩。二是间作套种。就是在地里开"杂货铺"，把不同的作物放在一起种，主要是粮豆套种，在高粱或玉米地里种豆类作物，另外也在粮食的边地上种南瓜、红薯等，这对当时提高粮食产量和满足农民对经济作物的消费需要起了重要的作用，在今天延安农村的许多地方还一直保留着。

新中国成立后，与全国其他地方一道，延安人民在中国共产党领导下意气风发地为了改写自身的发展命运不断苦干，使得这片革命老区的发展面貌日益改变。1949 年延安全市的经济总量（GDP）仅有 3431 万元，到 1978 年时增长到了 3.44 亿元。从延安发展的历史长河中来看，改革开放前 30 年的发展是一个非常重要的探索期和奠基期。在这时期，延安在经济社会发展条件落后的基础上，无论是在工业经济、农业经济还是社会事业发展等方面都取得了重要的成就。但是，这一时期社会商品匮乏，延安广大人民群众生活水平仍然不高，生活总体上依然贫困。1973 年 6 月 9 日，周恩来总理陪同外宾回到延安，这是他生前最后一次回延安，是带着满身病痛来的，也是带着满心牵挂来的，更是带着殷切希望来的。周恩来总理在延安停留了短短 22 个小时，却成为延安人民至今难忘的记忆。当得知延安群众的生活仍十分困苦时，周恩来总理难过地流下了眼泪，说："延安人民哺育了我们，取得了全国革命的胜利。我们在中央，对延安工作关照不够。"[①] 当时的延安确实太穷了！有多穷？数据表明，1973 年延安有 14 个县，130 万人口，当时农民人均粮食不足 250 公斤，年人均收入不到 50 元，农民人均纯收入 53 元，每年吃国家返销粮[②] 约 1.8 万吨，用救济款 595 万元，贫困发生率高达 97.5%。周恩来总理说："我这个总理没当好，延安人民生活还很苦，我怎能吃得下去呢？"周恩来总理还提出要求："延安三年变面貌、五年粮食翻一番。行不行？""行！"延安人民响亮地回答。碰杯为诺，击掌为誓。临走时，周恩来总理留给延安人民的最后一句话是："延安建设好了我再来！"[③] 这是一个真诚的期盼，庄严的承诺，给了延安人民一种无形但又强大的精神力量。快点富裕起来，成为延安人民强烈的呼声。但长期积累下的贫困现象并不是在短期内马上可以改变的，对正确有效的脱贫道路的认识更需要长期的摸索。到 1978 年时，延安市城镇职工年人均收入也只有 601 元，农民年人均收入则仅为 53.4 元，人均生产粮食只有 308.5 公斤，这说明贫困仍然伴随着广大人民群众，不少群众生活困苦，还过着"糠菜半年粮"的生活，在为温饱而努力。

----

① 《周恩来年谱（1949—1976）》（下），中央文献出版社 2007 年版，第 599 页。

② 返销粮主要是指国家向农村缺粮地区（如因自然灾害带来粮食歉收或贫困落后地区没有能力达到粮食自给，或因国家征购粮食过头等）当年返销给农业生产单位的口粮、种子和饲料粮。

③ 《告慰敬爱的周总理——您深情牵念的延安脱贫了！》，《延安日报》2019 年 5 月 19 日。

　　反映民间疾苦，为人民鼓与呼，是中华民族优秀分子的可贵传统。面对延安人民生活的贫困，有一名著名的记者冯森龄积极地为延安人民站出来鼓与呼。冯森龄是 1938 年参加革命的"老延安"，是一位长期从事新闻工作的老战士。1978 年 7—8 月，在经过深入实地调研后他写了《延安有很多农民上街要饭》《延安农民有三分之二饿肚子》等 5 篇报告，构成了一份分量极重的《延安调查》，向党中央如实反映了对革命作出重大贡献的延安人民的贫困生活状况，并被刊登在当年的新华社《内部参考》第 95 期。冯森龄在《延安调查》中描述延安群众的生活贫困时说："我们到延安，去过东关 5 次，每次都看见许多讨饭的。一次在延安市东关食堂停留约半个小时，讨饭的就多达 12 人，占用餐旅客的 1/4。顾客要的饭菜刚放在桌上，他们便蜂拥而来，伸手要饭。讨饭的有七八岁的小孩，也有白发苍苍的老人。有的是全家出来要饭，也有孤身残疾。"这是在当时延安市的情景。在延安的农村地区，农民生活的困难也是随处可见。"延安地区农村社员缺粮的严重情况是难以想像的，大部分地方，群众生活基本上是，'糠菜半年粮。'"这份调研报告所反映出来的延安群众的贫困状况引起中央和陕西省委领导高度重视。当年就作出对陕北地区公粮减半，每年给延安增加 500 万元扶贫款的政策扶持决定。1979 年，成立了老区建设办公室，中央每年给延安拨付 2000 万元左右的扶贫专项资金，加强了对包括延安在内的革命老区的政策支持。同时，陕西省也成立的"陕北建设委员会"，专门负责领导包括延安在内的整个陕北的脱贫和发展问题，这为在改革开放新的条件下推动延安发展，改善和提高延安人民的生活水平提供了重要条件。时隔 6 年后，冯森龄在 1984 年再次访问延安时惊喜地发现，延安的发展开始发生了历史性的变化。他在描述 6 年后所看到的延安情景时说："延安座座高楼拔地而起，大街小巷都开设了店铺，一片繁荣的景象。"在农村中也是处处有新窑洞,"很少看到三中全会之前群众衣衫破烂的,特别是青年男女,很多都穿着料子衣服,样式新颖,五颜六色。穿皮鞋的也很多。"①

"穷则变,变则通,通则久。"对于任何一个地方来说,历史积累下来的长期贫困需要一代又一代的人长期不懈的努力去消除。咬定青山不放松,只有在艰苦中奋斗,在奋斗中奋起,才能创造出真正属于自己的富裕生活。

1978年底,以党的十一届三中全会的召开为标志,新中国经历了一次深刻的伟大的历史转折,开始从计划经济走向市场经济、从封闭走向开放,逐步开辟出一条符合中国国情的新的现代化发展道路,即中国特色社会主义发展道路。40年后的2018年,在庆祝中国改革开放40周年大会上的讲话中,习近平总书记在回顾和总结40年来中国发展经验时说:"我们党作出实行改革开放的历史性决策,是基于对党和国家前途命运的深刻把握,是基于对社会主义革命和建设实践的深刻总结,是基于对时代潮流的深刻洞察,是基于对人民群众期盼和需要的深刻体悟。"②历史已经充分证明,在改革开放中推动中国的社会主义建设,是中国共产党迄今最为杰出的一项历史作品。只有改革开放才是强国之道,也只有在改革开放中才能实现中华民族的伟大复兴。改革开放既是国家发展的生命线,也是人民群众的幸福线。在国家实施改革开放新政策后,沐浴着改革开放的春风,延安的发展也跟着进入了一个新的历史时期,延安人民实现脱贫共富的新斗争也进入到一个新的阶段。2000年,延安经济总量超过100亿元,2011年突破1000亿元。

① 上述引文参见曹谷溪编:《人民记者冯森龄》,陕西人民出版社1998年版,第317—339、350—358页。
② 《十九大以来重要文献选编》(上),中央文献出版社2019年版,第721页。

　　从改革开放以来到 2012 年党的十八大前，在改革开放新的历史条件下，延安人民调整经济结构，推动农业生产，大力发展现代工业经济，在提高发展水平的同时推进人民群众的共富，取得了新的历史性成就。延安这 30 多年的发展，可以划分为两个阶段，一个是在从改革开放到 1992 年党的十四大前，一个是从党的十四大确立起社会主义市场经济改革的目标到 2012 年党的十八大前。

　　改革开放以来延安发展的第一个阶段实质上是为走向市场经济奠定基础和提供条件的一个重要发展时期。在这个时期，延安不断调整工业经济结构。改革开放前，延安经过多年的努力建立起相对独立和齐整的工业经济体系，工业经济得到了快速发展，但由于管理落后，技术水平低下，产品质量不高，使工业生产面临了许多巨大的困难。改革开放后，延安开始调整了轻工业和重工业的关系，扩大了企业自主权和增强了企业的活力，使延安的工业得到进一步的发展。到 20 世纪 90 年代，延安工业企业数量增加到了 1100 多个，拥有固定工业资产总值 38728 万元，比 1978 年增加了 3.86 倍，实现了工业总产值 46201 万元，比 1978 年增加了 6.9 倍，工业总产值的比重由于 1978 年的 38.7% 上升到 52%。在工业经济结构调整过程中，延安的个体经济也得到了快速发展，并且显示了强有力的经济活力，对活跃和繁荣市场起了重要作用。到 1985 年，个体经济的产值达到了 344 万元，经济占比为 12%。在个体经济发展的基础上，延安开始出现了私人经济并且在 1990 年延安的经济产值中占到了 1.94%。

　　在农业经济发展方面，由于国家政策的调整，家庭联产承包责任制的推行，农民的生产积极性空前高涨，粮食产量也大幅度增加。农业经济得到了快速发展。到 20 世纪 90 年代，延安全市农村社会总产值达到了 24248 万元，比 1978 年增加了 7 倍，其中农业总产值达 17257 万元，比 1978 年增加了 5.9 倍。在农业产值和农业收入中，延安的农村副业得到了飞快发展，在1992年时达到了13.04%，这表明延安的农业经济结构开始变得多样化了，除了粮食之外的经济作物在延安农民的生活和收入中的比重越来越大。

1992年是中国改革开放历史上重要的一年，在这一年召开的党的十四大确立了社会主义市场经济的改革目标。这一伟大的改革目标和实施方略的确立，也把延安的发展带进并融入到了一个新的发展阶段和新的发展高度。在中国整体走向社会主义市场经济的过程中，延安进一步深化改革、加快发展，使改革开放成为延安经济社会发展的鲜明特征。在这一阶段上，有许多值得大书特书的事情。最值得书写的一件事就是，在国家西部大开发的过程中延安启动了退耕还林，开始走出一条发展的新路子。

改革开放以来，中国整体综合国力不断发展，但与此同时，区域间发展的不平衡又成为中国发展必须要面对的一个重大问题。在这一背景下，中国充分认识到发展西部是实现中华民族复兴的重要基础，认识到没有西部的稳定就不可能有全国的稳定，没有西部的小康就不可能有全国的小康，没有西部的现代化就不可能在根本上实现全国的现代化。为了振兴西部地区，1999年中国开始大规模地实施西部大开发战略。在国家实施西部大开发战略的过程中，延安积极地转变发展理念，立志再造一个秀美延安，开始了大面积实施退耕还林。退耕还林就是从保护和改善生态环境出发，将易造成水土流失的坡地和耕地有计划、有步骤地停止耕种，按照适地适树的原则，因地制宜地植树造林，恢复森林植被。在这个过程中，由国家对原来在山林中种地的农民进行政策补助，按一定标准无偿提供粮食，实行以粮食换生态，保证农民退耕之后吃饭有保障，收入不减少，以调动农民退耕还林还草的积极性。根据当时的退耕还林补助政策，延安市获得了国家退耕还林补助资金和成果巩固专项资金共计117.7亿元，其中直接兑现农户 100.5 亿元，兑现给退耕户 80.33 亿元，户均获得补助 28087.41 元，人均 6436.7 元。退耕还林使得延安经济发展的生产条件和人民的生活条件得到明显改善，同时也推动着在生态建设的引领下经济社会发展结构和发展方式的转型，意味着延安开始走上了一条绿色崛起的新道路。

在社会生产力发展的同时，延安人民的收入和生活水平也保持着同方向、同比例的增长。1990 年时，延安全市的城镇居民人均生活费支出 854.69 元，比改革开放初的 1981 年增长了 1.57 倍。从消费的内容看，许多人的消费结构中日用品的消费数量不断提高，这表明许多人不再满足于吃饱穿暖了，而是开始讲究吃得营养，用得高档，穿得时髦了。进入 21 世纪后，延安人民的生活水平进一步提高，农民人均纯收入由 1998 年的 1356 元提高到 2012 年的 7610 元，增加了 6254 元。在生活水平提高过程中，群众的消费意识和消费能力也跟着不断增强，现代化的消费意识开始在延安这片曾经十分落后的土地上开始扎下了根。

同时，在发展的过程中反贫困的问题也日益迫切地提了出来。延安一方面在推进发展，另一方面则在积极推进扶贫工作，经济社会的快速发展也让反贫困有了更强大的经济基础。从 1978 年起，国家每年给包括延安在内的陕北老区提供 5000 多万元专项扶贫资金。从 1986 年起，国家又拿出 10 个亿的扶贫贴息专项贷款，对包括延安 13 个县（市）在内的全国 34 个县的 19 个集中连片贫困地区进行重点扶持。按照国家整体部署，延安开展了有计划、有组织、大规模的开发式扶贫工作。到 20 世纪末，解决了 46.17 万人的温饱问题。2004 年，延安又启动实施了以黄河沿岸土石山区、白于山区为主的"两区"扶贫开发。重点扶持了两区连片的 57 个贫困乡镇，搬迁 1.5 万户 6.1 万人，使 39.4 万人实现了脱贫。然而对于整个延安来说，脱贫攻坚依然是一块难啃的硬骨头。2011年时，延安还有贫困人口44.7万人，占到了当时延安总人口的20.37%。但是，经受过苦难磨炼、充满历史乐观精神的延安人民立志要把这个硬骨头啃下来，把自己彻底从绝对贫困这座大山的压迫解放出来。

在中央的脱贫攻坚战略布局中，无论是作为西部地区还是革命老区，延安都具有十分重大的战略意义。因此，在以习近平同志为核心的党中央的关怀下，近4年来，中央和各级财政累计向延安投入扶贫资金达62.5亿元，加快了延安告别绝对贫困和走向共同富裕的步伐。外部支援与延安广大人民群众的不懈努力结合在一起，构成了延安脱贫致富的强大力量，也推动着在新时代延安的发展很快进入到了一个新的飞跃期，发展面貌出现了前所未有的格局性新变化。

二、新起点上的时代远眺

鉴于往事，有资于治道。新中国成立70多年来，特别是改革开放40多年来，中国成功地走出一条自己的发展道路，在这条道路的基础上中国实现了世所罕见的经济快速发展奇迹和社会稳定的奇迹，为人类的现代化贡献了中国方案。这条道路也就是今天在世界上被人们所广泛讨论的"中国道路"。中国道路是一条和平发展的道路，一条实现民族复兴的道路，也是一条在发展中实现人民共同富裕的道路。这条道路是中国的，也是人类的，它源自中国又贡献于人类。延安正式宣告实现了脱贫，不是抽象、孤立发生的，而是在中国共产党领导下中国人民探索中国发展道路过程中取得的。

在近代以来100多年的历史变迁中，人们可以深刻地感悟到延安这片土地的厚重，能够强烈地感受到延安人民身上蕴含的一种拼劲以及中国老百姓身上的一种干劲，正是这种拼劲和干劲成为推动脱贫致富的强大力量，也构成了中国价值和中国力量内涵的具体而又鲜明的展现。"先立乎其大者，则其小者不能夺。"就是说，一般性是通过特殊性表现出来的，没有个性也就没有共性。在延安的发展和脱贫致富过程中，既有延安自身的特殊性，但其中也蕴含着整个中国发展的一般性，在根本上说，延安脱贫共富的道路是中国道路在延安这个特定的区域中的体现和凸显，这也表明延安实现发展和走向共同富裕并不是偶然的，而是必然的，构成了浩浩荡荡的中国发展潮流的重要部分，反映出一个落后的地区如何创造出一条适应自己的发展道路实现崛起和共同富裕的基本经验和基本规律。

脱贫攻坚战开展以来，延安人民发扬延安精神，聚焦精准扶贫，在贯彻中央关于精准脱贫攻坚战略的过程中，坚持传承和弘扬延安精神，特别是在新的条件下继续发扬艰苦奋斗的精神，聚焦产业扶贫、教育扶贫、生态扶贫、就业扶贫、健康扶贫、文化扶贫、金融扶贫和社保兜底扶贫，紧紧地把扶贫开发融入当地的改革和发展进程中，在脱贫攻坚战中啃下来一个又一个难啃的硬骨头，特别是在"两区一带"（延安的白于山区、黄河沿岸土石山区、洛河峡谷地带）这三大贫困区域内，绝对贫困现象在根本上得到了根绝，在推动发展上取得了一系列的历史性成就。归结起来说，这些成就主要是：

实现了经济社会不断发展。到 2018 年底，延安经济社会实现了飞跃式的发展，地区生产总值达到 1558.91 亿元，人均地区生产总值达到 68940 元，按当年汇率折算为 10026 美元，达到中等偏上收入国家的水平。

城镇化水平不断提高，经济结构不断优化。新中国成立初期，延安全市 94% 以上的人口都从事农业生产。改革开放以来，伴随着工业化进程加速，城镇化水平快速提高，城镇人口从 1990 年的 28.08 万人迅速增加至 2018 年的 140.78 万人，城镇化率从 15.35% 提升到

62.31%，年均提高 1.7 个百分点，在一个特定的发展空间中，创造出了农业人口向非农业人口转变的奇迹。与此同时，延安的工业结构也不断得到改善。到 2018 年，延安第一、二、三产业的比重已经被调整为 8.9%、59.4%和 31.7%，对延安经济发展的贡献率分别为 3.5%、60.4%和 36.1%。

　　广大人民群众在发展中的获得感和幸福感不断增强。延安人民在经济社会发展中的收入水平总体上不断提高。2018 年时，延安的镇居民人均可支配收入增长到了 32226 元，农村居民人均可支配收入增长至 10786 元。比较起来说，2012 年以来，延安城镇居民人均可支配收入已经超出全省和全国的平均水平，延安农民人均纯收入已经超出陕西全省的平均水平，与全国平均水平的差距也越来越小。此外，还有一个非常重要的数字，就是老百姓手中的存折。延安人民群众的人均存款由 1978 年的 18 元增加至 2018 年的 4.22 万元。这充分说明，在经济社会不断发展的同时，老百姓的钱袋子也开始变得鼓鼓的了。这样的改革和发展，动力来源于人民，目的也指向了人民的生活本身，一定能够得到人民群众以磅礴之力的持续支持。

　　在延安社会经济快速发展的过程中，区域内的贫困人口大幅度下降，绝对贫困现象大面积地消失。2019 年，随着延川县和宜川县实现脱贫摘帽①，革命圣地延安历史性地告别绝对贫困。一生都守护在这片土地上的张瑞生老人，他的父亲曾经用荞面招待过毛泽东。张瑞生老人额头上深深的皱纹如年轮一般，见证了延安这片土地的沧桑巨变。在经历了历史上的贫困和现实中的富裕的亲身比较后，他用朴实的语言说："那时候太苦了，父亲只有几碗剁荞面来招待毛主席。现

---

① 在新时代脱贫攻坚中，延安共有三个贫困县——延川县、宜川县和延长县，其中的延长县是在 2018 年 9 月 26 日宣布脱贫的。

在，延安脱贫了！肉啊，蛋啊，天天有！"

2018 年，是改革开放 40 周年。就在这一年，延安电视台拍摄了一部全方位地反映延安改革开放的纪录片《致敬四十年》，其中有一集是《共赴小康》。纪录片在结尾处说道："延安 40 年的改革发展历程，是一部负重前行的奋斗史、一部万众一心的创业史、一部破茧成蝶的发展史。40 年的探索充满艰辛，铸就的辉煌来之不易。筑梦新时代，延安的广大干部群众将坚持用延安精神建设延安、发展延安，决战决胜全面小康，共建共享美好生活，奋力谱写出新时代延安高质量追赶超越新篇章。"这生动地反映出了实现了脱贫后延安人民的精神风貌、他们的万丈豪情和站在了新的发展起点上后与全国人民一道进入小康社会的时代信心。

在一代代人的接力奋斗和牺牲中，在延安这片土地上，绝对贫困已经历史性地退出了历史，226 万延安儿女已经历史性地站在了一个全新的历史起点上，这是在长期艰辛付出后在豪迈中迎来的新起点。几千年来，陕北黄土高原在人们头脑中总是象征着贫穷、落后的时代一去不复返了，回响在延安光秃山峦之间的那种为了基本生存而撕心裂肺的呐喊也跟着一去不复返了，勤劳的延安人民正在黄土高原上书写着繁荣、富裕、幸福和绿色的新生活。习近平总书记指出："消除贫困、改善民生、实现共同富裕，是社会主义的本质要求。"①延安的脱贫致富是党的十八大后精准脱贫攻坚战场上的一个具有高显示度、高价值度的缩影，是中国经验在延安脱贫致富过程中的彰显，蕴含着整个中国脱贫致富的基本要素、基本经验和基本规律。

尤论是对延安人民来说，还是就中华民族而言，脱贫摘帽都不是

---

① 习近平：《在河北省阜平县考察扶贫开发工作时的讲话》，载《求是》2021 年第 4 期。

终点，而是新生活、新奋斗的起点。站在流经延安的黄河之畔，欢腾的河水象征着延安人民创造历史的激情和实现共同富裕的坚韧。每一次的发展都为新的发展提供了基础和条件，在这片土地上生生不息的人们不会因为已经取得的发展成就而骄傲、自满、裹足不前，在新的起点上为了实现更美好的生活，他们又踏上了为巩固脱贫攻坚战成果、巩固全面建成小康社会成果以及朝着实现社会主义现代化迈进的新征程。延安精神激励着延安人民实现了脱贫攻坚，同时也将引领延安人民在更高水平和更高质量上实现新的发展，在新时代中国特色社会主义壮丽事业的时代征程中夺取更加辉煌的新胜利。

参考文献①

《习近平谈治国理政》，外文出版社 2014 年版。

《习近平谈治国理政》第二卷，外文出版社 2017 年版。

《习近平谈治国理政》第三卷，外文出版社 2020 年版。

《习近平扶贫论述摘编》，中央文献出版社 2018 年版。

《习近平关于社会主义经济建设论述摘编》，中央文献出版社 2017 年版。

《习近平关于科技创新论述摘编》，中央文献出版社 2016 年版。

《十八大以来重要文献选编》（上）（中）（下），中央文献出版社 2014、2016、2018 年版。

《十九大以来重要文献选编》（上），中央文献出版社 2019 年版。

习近平：《论坚持推动构建人类命运共同体》，中央文献出版社 2018 年版。

习近平：《摆脱贫困》，福建人民出版社 1992 年版。

习近平：《在全国脱贫攻坚表彰总结大会上的讲话》，《人民日报》2021 年 2 月 26 日。

---

① 在写作过程中，还参考和吸收了新华网、人民网、陕西传媒网、延安市政府网站、延安市统计局、延安市教育局网站，延安市交通局、延安市一些县政府网站以及其他一些相关单位网站的文献资料。另外，还参考了延安市扶贫办发布的相关数据资料和延安一些乡镇的相关数据资料。本书中涉及的具体人物和事件，特别是一些典型的案例，都出自近些年来关于延安脱贫攻坚工作的公开宣传报道资料，在此不一一列出，特此说明。

习近平：《在决战决胜脱贫攻坚座谈会上的讲话》，《人民日报》2020年3月7日。

习近平：《在河北省阜平县考察、扶贫开发工作时的讲话》，《求是》2021年第4期。

《习近平的七年知青岁月》，中共中央党校出版社2017年版。

《百县市经济社会调查·延安卷》，中国大百科全书出版社1994年版。

《延安经济发展与脱贫问题研究》，陕西人民出版社1993年版。

《人民记者——冯森龄》，陕西人民出版社1998年版。

（清）倪家谦、（民国）郭超群：《安塞县志校注》，上海古籍出版社2010年版。

曹树蓬、高建菊：《延安古今大事记》，陕西人民出版社2015年版。

扬伯显：《牢记党中央、国务院指示　加快延安脱贫步伐》，《经济工作通讯》1991年第1期。

孙波等：《延安脱贫了》，《求是》2019年第13期。

张军红：《延安非公有制经济发展现状、存在问题及对策研究》，《特区经济》2014年第9期。

郑李宏等：《在黄土地上书写的"果树人生"——记陕西省洛川县苹果生产技术开发办公室主任屈军涛》，《中国农技推广》2018年第2期。

刘忠：《革命的圣地　奋斗的人民——延安脱贫攻坚战纪实》，《中国老区建设》2019年第10期。

陕西省延安市政府：《延安·洛川苹果：老区人民的致富果》，《中国农民合作社》2017年第8期。

徐长玉、徐生雄：《革命老区脱贫致富的现实镜鉴：延安例证》，《重庆社会科学》2017年第4期。

李写一：《洛川县苹果种植业发展研究》，西北农林科技大学2011年硕士学位论文。

《延安修铁路怎一个"难"字了得》，吴起县档案局。

《国之大计　党之大计——新中国教育事业的历史成就与现实使命》，《人民日报》2019年9月10日。

《延安告别绝对贫困》，《人民日报》2019年5月8日。

《陕西省黄陵县索洛湾村党支部书记柯小海：穷沟沟荒山变金山》，《人民日报》2017年10月13日。

《精准脱贫的"延安答卷"》,《人民日报》2016年3月21日。

《把革命老区发展时刻放在心上——习近平总书记主持召开陕甘宁革命老区脱贫致富座谈会侧记》,《人民日报》2015年2月17日。

《陕西延安:生态文明造就金山银山》,《光明日报》2018年10月26日。

《延安:生态文明的奇迹》,《光明日报》2013年7月12日。

《借力,让延安教育大变样》,《中国教育报》2019年12月13日。

《在陕北延安,正书写新时代脱贫故事》,《工人日报》2018年1月29日。

《退耕还林"第一县":绿水青山就是金山银山》,《新京报》2018年11月15日。

《延安脱贫攻坚走出独具特色之路》,《南方日报》2018年1月30日。

《延安精神闪耀在脱贫攻坚主战场》,《陕西日报》2019年5月10日。

《延安区域性整体脱贫调查:山峁沟岔里的执着坚守》,《陕西日报》2019年12月23日。

《苹果托起延安果农的致富梦》,《陕西日报》2019年11月8日。

《以延安精神向贫困宣战——来自延安脱贫攻坚一线的报告》,《陕西日报》2019年5月7日。

《总书记走过的地方杨家岭的琅琅书声——走进杨家岭福州希望小学》,《延安日报》2020年2月12日。

《见证延安脱贫,我们很幸福!》,《延安日报》2019年10月18日。

《告慰敬爱的周总理——您深情牵念的延安脱贫了!》,《延安日报》2019年5月19日。

《巩固脱贫成果要一鼓作气一拼到底》,《延安日报》2019年5月9日。

《激起高质量发展新动能——全市非公有制经济发展综述》,《延安日报》2019年2月26日。

《西延铁路:为老区插上腾飞的翅膀》,《陕西日报》2019年1月10日。

《精准脱贫的"延安答卷"》,《延安日报》2019年1月19日。

《来一场产业链的"革命"》,《农民日报》2018年11月20日。

《青山作证——写在吴起县实施退耕还林20周年之际》,《延安日报》2018年7月9日。

《王本领:豆腐"磨"出幸福生活》,《延安日报》2018年6月23日。

《延安宝塔区：发展特色小甜瓜群众走上致富路》，《延安日报》2018 年 4 月 24 日。

《延安把最优秀的干部用到脱贫攻坚主战场》，《延安日报》2018 年 1 月 6 日。

《在毛泽东诞辰 98 周年这一天革命圣地无铁路的历史结束》，《人民铁道》报 1991 年 12 月 28 日。

《宝塔山下两代人的铁路情》，《陕西工人报》2019 年 7 月 5 日。

《我从延安来——延安老中青三代眼里的新生活》，《陕西工人报》2019 年 5 月 13 日。

《延安修复生态"黄变绿"》，《陕西工人报》2018 年 12 月 13 日。

后　记

　　延安是在近代中国历史和中国共产党百年历史上极具象征意义的一个地方，因此延安宣告摆脱绝对贫困在中国共产党领导的脱贫攻坚战中也极具象征意义，象征着脱贫攻坚战胜利的必然性和正义性，也象征着伟大的中国人民精神在当代中国实践中的绵延和传承。

　　我是在延安出生和长大的。从 1996 年离开延安去了西安，已经快 25 年了。在这 25 年的时间里，从来没有忘记过自己是一个延安人，也一直在关注着延安的发展和建设。其间，我曾经被教育部派往中国延安干部学院借调工作过一年，主要是从事教学研究工作，但总感觉对养育自己的这片土地做得太少，因此也在不断思考怎么样才能为延安作一点自己的贡献。2020 年初，新冠肺炎疫情暴发后，在按照要求做好自己本职工作的同时，我开始比较集中系统地收集、阅读了近些年来报刊上有关延安脱贫致富的许多报道材料，越看越有意思，就萌生了写一本关于延安脱贫致富的书的想法。于是，从被动地看材料到主动地找材料，到处托熟人询问一些材料和一些事情，逐步地形成了本书所涉及的基本问题框架。但是，总是感觉有些不如意的地方，主要是材料太过于分散，研究没有"神"。时值 2020 年 4 月份，习近平总书记在陕西进行了考察。考察结束后，我参与了省委宣传部组织的一些关于习近平总书记来陕考察重要讲话精神的宣传、研究和课程讲授等方面的工作。在这个过程中，习近平总书记对延安精神的论述对我启发特别大，于是就有这本书的书名《弘扬延安精神 实现脱贫共富》，主要是想把延安精神作为一条主线来反映延安脱贫的基本经验，并且通过对延安脱贫实践经验的总结来体现延安精神的时代价值。

写作这本书的过程中，我认真学习了习近平总书记关于扶贫工作的重要论述，努力把这些重要论述与延安脱贫的实践相结合，能够从延安脱贫实践中概括出一些有共性意义的问题或结论来。平时，自己的教学研究和写作习惯于比较宏观一点的一些问题，这次要联系着一个具体地方去"解剖麻雀"，确实困难也是比较多的，在收集、整理和使用材料方面都有不少困难，但还是挺过来了。有时候，在困难的时候咬咬牙，总是能坚持下来的。不管怎么样，这个研究也算是实现了自己的预期，实现了我作为延安人对延安发展的那么一点点担当吧。

像过去完成的其他著作一样，在完成这本书的过程中，得到了学校领导、同事和家人的许多关心。我有时候也现学现卖，给他们讲讲刚看来的关于延安苹果种植技术、延安特色产业等方面的情况，有时候引得他们啧啧称奇，但我知道，这其实是一种鼓励和期望，我也就按照他们的鼓励和期望一直走下去，直到这个研究完成。

本书得到陕西师范大学马克思主义学院学科建设经费资助。

任晓伟

2020 年 11 月 2 日

丛书策划：蒋茂凝　辛广伟

责任编辑：赵圣涛

封面设计：姚　菲

版式设计：周方亚

责任校对：吕　飞

图书在版编目（CIP）数据

弘扬延安精神　实现脱贫共富／任晓伟 著 . — 北京：人民出版社，2021.5

ISBN 978 - 7 - 01 - 023082 - 5

I. ①弘…　II. ①任…　III. ①延安精神 ②扶贫 - 工作经验 - 延安

　IV. ① D648.4 ② F127.413

中国版本图书馆 CIP 数据核字（2021）第 001422 号

弘扬延安精神　实现脱贫共富

HONGYANG YAN'AN JINGSHEN SHIXIAN TUOPIN GONGFU

任晓伟　著

人 民 出 版 社 出版发行

（100706　北京市东城区隆福寺街 99 号）

北京尚唐印刷包装有限公司印刷　新华书店经销

2021 年 5 月第 1 版　2021 年 5 月北京第 1 次印刷

开本：710 毫米 × 1000 毫米 1/16　印张：11.75

字数：210 千字

ISBN 978 - 7 - 01 - 023082 - 5　定价：59.00 元

邮购地址 100706　北京市东城区隆福寺街 99 号

人民东方图书销售中心　电话（010）65250042　65289539